WESTEND

CATHERINE LIU

Die Tugendpächter

Wie sich eine neue Klasse mit Moral tarnt und Solidarität verrät

Aus dem Englischen übersetzt von
Chiara Grima de la Cruz

WESTEND

Die Originalausgabe erschien 2021 unter dem Titel *Virtue Hoarders – The Case against the Professional Managerial Class.*

Mehr über unsere Autoren und Bücher:
www.westendverlag.de

Die Deutsche Nationalbibliothek verzeichnet diese Publikation in der Deutschen Nationalbibliografie; detaillierte bibliografische Daten sind im Internet über http://dnb.d-nb.de abrufbar.

FSC
www.fsc.org
MIX
Papier | Fördert gute Waldnutzung
FSC® C014889

1. Auflage 2023
ISBN: 978-3-86489-397-1

Redaktion: Marvin Baudisch, Dr. Lea Mara Eßer
Umschlaggestaltung: Buchgut, Berlin
Satz: Publikations Atelier, Dreieich
Druck und Bindung: Pustet, Regensburg
Printed in Germany

Inhalt

Ketch'up Germany!
(Vorwort zur deutschen Ausgabe)

Als ich in den 1990er Jahren durchs Rheinland reiste, sah ich einmal ein bescheiden aussehendes Kleidergeschäft für Frauen einer gewissen Altersgruppe, welches »Ketch'up« hieß. Es war sonderbar, ein Modegeschäft mit ordentlichen Schuhen und Blumenkleidern zu sehen, das nach einer US-amerikanischen Tomatensauce benannt war, die dafür bekannt ist, schwer auswaschbare Flecken auf pastellfarbenen Blusen zu hinterlassen. Durch das Hinzufügen des Apostrophs und dadurch, dass »Ketch« und »up« getrennt geschrieben wurden, verwandelte der Besitzer des Geschäfts die Tomatensauce in ein trennbares Verb, wie es im Deutschen üblich ist. »Ketch'up« ist eine Version von »catch up«[1], einem Spiel, das sich Deutschland gezwungen sah zu spielen, um mit den fortgeschrittensten kapitalistischen Systemen Schritt halten zu können. Max Weber, Max Horkheimer, Theodor W. Adorno und Siegfried Kracauer zufolge hat sich das deutschsprachige Volk schwergetan, das protestantische Ethos mit seiner eifrigen Rationalisierung der Produktionskräfte anzunehmen. Horkheimer und Adorno hielten Nationalsozialismus wie Antisemitismus für Reaktionen der Deutschen auf die von der Moderne und dem Kapitalismus geforderte Rationalisierung des Alltags.

Ich habe *Die Tugendpächter* während der Tumulte um die Trump-Präsidentschaft geschrieben: In den Vereinigten Staaten spielte sich ein politisches Drama ab, inklusive eines erbitterten Kampfes zwischen einer technokratischen Klasse von angeblich Liberalen und einem wütenden Zusammenschluss all jener, die sich gegen alle demokratischen Normen auflehnten. Die amerikanische Rechte hieß Irrationalität als eine Form der politischen Agitation und Mobilisierung willkommen und ließ sie nicht mehr los. Für diejenigen von uns, die die Kandidatur von Bernie Sanders 2016 und 2020 unterstützten, war es offensichtlich, dass der sorgfältig inszenierte kulturelle Liberalismus der Technokraten und der »Professional Managerial Class«, deutsch: »Professionelle Managerklasse«, kurz »PMC«[2] die wirtschaftlichen Veränderungen verhindern wollte, die notwendig gewesen wären, um den amerikanischen Liberalismus von seiner elitären, identitätsbesessenen Politik und der rechtsextremen Ablehnung demokratischer Normen zu retten.

Die Vorherrschaft der US-amerikanischen PMC verschleiert ihre Allgegenwärtigkeit. Der Begriff »Professional Managerial Class« wurde 1977 von Barbara und John Ehrenreich geprägt, um ein neues Segment zu beschreiben, das im klassischen marxistischen Denken als »Kleinbürgertum« bezeichnet wurde.[3] Diese Klasse besteht aus beruflich qualifizierten Angestellten, die keine Rentiers oder Kapitalisten sind – sie müssen arbeiten, also ihre Arbeitskraft verkaufen, aber sie unterscheiden sich sehr von der Arbeiterklasse, deren Körper während des Arbeitstages Schaden nimmt. Sie sind Fachleute, weil sie eine spezielle Ausbildung in Bereichen absolvieren müssen, die von Berufsverbänden geregelt werden. Sie sind insofern Manager, als sie die in der Arbeitshierarchie unter ihnen stehenden Personen motivieren und führen müssen. In der Zeit nach dem Zweiten Weltkrieg wurde diese Klasse in den Vereinigten Staaten immer stärker, da die Wirtschaft immer komplexer wurde. Professionelle Eliten gewannen an Macht durch den Ausbau der Universitäten wie durch den Sicherheitsstaat des Kalten Krieges. Zu Beginn des 20. Jahrhunderts machte diese Klasse nur einen kleinen Teil der US-amerikanischen Erwerbsbevölkerung aus. Heute machen Angestellte und Fachkräfte etwa ein Viertel der US-amerikanischen Erwerbsbevölkerung aus. Die Ehrenreichs wiesen 1977 darauf hin, dass die Werte und Weltanschauungen der PMC zunehmend die Politik des linken Flügels dominieren und die Prioritäten der Arbeiterklasse in der Demokratischen Partei verdrängen. Obwohl es sich bei ihnen um Arbeiter handelt und einige jüngere Kritiker der PMC-These sagen, dass sie ein Teil der Arbeiterklasse sind – was im technischen Sinne stimmt –, sind sie in einzigartiger Weise unfähig, sich mit den Kämpfen der Mehrheit der Menschen in der ganzen Welt zu solidarisieren.

Diese Klasse exportiert ihre Vision der Welt mithilfe der US-amerikanischen Kulturindustrie und offenbart sich dabei als grausamer Beschützer ihrer eigenen materiellen Interessen – und zwar gegenüber der Arbeiterklasse und den Nicht-Hochschulabsolventen, die deren Sprache des Fortschritts, ihre »Hilfe« oder ihre leere Empathie nicht akzeptieren. Die liberale PMC-Elite betrachtet die Arbeiterklasse als hoffnungslos rückständig und reaktionär und schüttelt entsetzt den Kopf, wenn die Massen nicht »aufholen«– Ketch'up – wollen. Meine Analyse dieser Klasse verdankt

Kracauer sehr viel. Im Berlin der 1920er Jahre machte er sich daran, eine neue Klasse von Deutschen zu erforschen: Angestellte in großen Unternehmen. Diese neuen Arbeiter waren angetrieben von Ansprüchen und Ängsten, die vollständig bestimmt waren durch den Druck, innerhalb der kapitalistischen Unternehmen zu überleben, die Verlockungen der städtischen Kulturindustrie und die nackte Angst vor der Arbeitslosigkeit. In *Die Angestellten* (1930) beschreibt Kracauer die Kämpfe der Arbeiter als mangelhafte Versuche, in einer zunehmend rationalisierten Welt Glück und Würde zu finden. Seiner Ansicht nach versuchten die Angestellten verzweifelt, sich vom Proletariat zu unterscheiden. Sie litten unter dem eisernen Joch der Arbeitsdisziplin, die durch Bürokratie und Standardisierung geprägt war. Kracauers soziologische Analyse der Arbeiter in Berlin hatte einen starken Einfluss auf die Arbeit von C. Wright Mills, seinem Kollegen an der Columbia University. Mills wiederum spielte eine entscheidende Rolle für John und Barbara Ehrenreichs Formulierung der PMC, von der *Die Tugendpächter* das kritische Konzept der Klassenpolitik nach 1968 übernimmt.

In *Die Angestellten* finden wir anschaulich gezeichnete Porträts von Verkäufern und Büroangestellten: Kracauer sympathisiert hier mit den Gesprächstaktiken einer »kleinbürgerlichen Sekretärin [...], die dadurch einige Versiertheit vorzutäuschen sucht, daß sie immer ein ›Well‹ in ihre Rede einflicht«.[4] Sie hat gehört, wie erfolgreiche Leute den englischen Ausdruck verwenden, und kopiert deren Sprechweise: Ihr »bescheidener Posten« zwingt sie jedoch dazu, »ihre Natur aus[zu]treiben«.[5] Als Gegensatz zu dieser Frau beschreibt Kracauer einen äußerst charmanten Zigarettenverkäufer aus der Arbeiterklasse. Er ist ein Naturtalent in seinem Beruf. Er ist entspannt im Umgang mit Menschen aller Klassen: Nach ein paar Drinks lässt er alle in der von ihm besuchten Arbeiterkneipe an seinem Gesang teilhaben, von *Lohengrin* bis *La Traviata*. In diesen Momenten erhält jeder, der ihm zuhört, einen Einblick in »ein schönere[s] Leben«.[6]

Das neue Berlin des wiedervereinigten Deutschlands entledigt sich in aller Stille solcher Arbeiterkneipen. Es ist eine globale Stadt, eine der Start-ups, Streber und Hipster. In diesem neuen Deutschland fühlen sich die Angestelltenklassen mehr oder weniger vollkommen heimisch in einem englischsprachigen Milieu. Die milliardenschweren Samwer-Brüder, Gründer von Rocket Internet, Deutschlands erfolgreichstem und umstrittenstem Start-up-Inkubator, haben die neueste Phase der Nachahmung des US-amerikanischen Kapitalismus durch die deutsche PMC eingeleitet. Trotz der Kontroverse und Kritik an ihren nachgeahmten Start-up-Unternehmen (die deutschen Firmen Alando, Zalando und Wimdu sind jeweils Ebay, Zappos und Airbnb nachempfunden), konnten die Brüder ein Vermögen anhäufen, dem keine noch so scharfe Kritik an ihrer vermeintlichen Originalität etwas anhaben kann.[7] Sie gingen in den 1990er Jahren in die USA, machten Praktika im Silicon Valley und an der Wall Street und kehrten nach Deutschland zurück, um deutsche Versionen US-amerikanischer Unternehmen zu gründen. Die US-Firmen kauften dann wiederum die Klonfirmen auf und die Brüder wurden reich dabei. Im Gegensatz zu den deutschen Kapitalisten des vorigen Jahrhunderts, die ihren Reichtum in der Schwerindustrie und im Bergbau erwirtschaftet hatten, entsprachen die Samwers dem Profil der informationsbasierten, kosmopolitischen Eliten der PMC. Die Hardware, von der ihre Anwendungen abhängen, wird in den USA entwickelt und in Asien hergestellt. Die Software, die sie entwickelt haben, basiert auf US-amerikanischen Codes. Ihre Investoren kommen aus Japan, Singapur und China.

Die deutschen Eliten mögen weltoffen sein, aber die PMC-Deutschen machen sich offen über die deutsche Arbeiterklasse lustig und schauen auf sie herab. Denken Sie an das Schicksal der deutschen Kevins (und ihrer weiblichen Gegenstücke, der Chantals). Deutsche aus der Arbeiterklasse, die ihren Kindern »exotische« englische und französische Namen gaben, haben das kulturelle Phänomen des »Kevinismus« hervorgebracht.[8] Sprachwissenschaftler mögen sich über die empirischen Auswirkungen der Vorurteile gegenüber deutschen Kevins nicht einig sein, aber der Name und seine Träger rufen eine unangenehme klassenbezogene Verachtung hervor. Kevin Bacon und Kevin Costner mögen die Ursache für die Liebe der Deutschen aus der Arbeiterklasse zu diesem Namen gewesen sein, aber konzentrieren wir uns hier nur auf Kevin Bacon, dessen Film *Footloose* aus dem Jahr 1984 Generationen von jungen Deutschen inspirierte, die versuchten, sich in einer zunehmend globalisierten und verwirrenden Welt eine Identität zu schmieden. In *Footloose* von Herbert Ross spielt Bacon einen Teenager aus Chicago, der in eine ländliche Stadt verpflanzt wird, in der Bücher verbrannt werden und Tanzen und Rock'n'Roll verboten sind. Bacon liest *Slaughterhouse Five* (1969)[9] von Kurt Vonnegut und verrichtet außerdem schwere körperliche Arbeit in der örtlichen Mühle. Er ist voller wilder Energie, verkörpert aber auch eine zarte

Männlichkeit und mutige Körperlichkeit. In einer der berühmtesten Szenen des Films bringt Bacon seinem neuen besten Freund (gespielt von Chris Penn) bei, den Takt zu halten und schließlich zu tanzen. Die Lektion findet zu Deniece Williams' mitreißendem Song »Let's Hear it for the Boy« statt. Für die Deutschen, die sich Sorgen machten, ob sie mit den US-Amerikanern mithalten könnten, müssen Bacons Lektionen zum Fußwippen und Fingerschnippen beruhigend gewesen sein. Der Film bietet ein aufbauendes Ende: Der von John Lithgow gespielte, »Feuer und Schwefel« predigende Pastor versöhnt sich mit seiner wilden Tochter, gespielt von Lori Singer. Die religiösen Werte der Kleinstadt und die sexuellen Verheißungen des Rock'n'Roll werden in mitreißenden und straff choreografierten Tanznummern zu Kenny Loggins' »Footloose« in Einklang gebracht. Sowohl die Tyrannen als auch die Bücherverbrennungsfanatiker werden besiegt. Kevin Bacon führt die Versöhnung der kulturellen Gegensätze an und zeigt den Weg zu einer besseren Welt. Für die Deutschen war er ein Held der Arbeiterklasse.

Als Ost- und Westdeutschland in den 1990er Jahren wiedervereinigt wurden, konnten die Menschen sowohl Bacon als auch Penn sein, der Lehrer und der Schüler, der Tänzer und der Kämpfer, der Dichter und der Arbeiter. Bacon hat den Deutschen gezeigt, wie man einen rückständigen Ort, ein Wohnprojekt oder eine Kleinstadt in die moderne Welt führen kann. *Footloose* bietet eine gut verpackte, realitätsferne Unterhaltung, die sowohl Freiheit von ökonomischen als auch von sexuellen Zwängen verspricht: Das Vergnügen an der Choreografie zeigt eine schöne Form koordinierter Aktivität, Kracauers »Massenornament«. Ein Kind Kevin zu nennen ist ein hoffnungsvoller Akt, der versucht, etwas von Bacons Magie einzufangen: In einer Welt, in der es keine Alternative zum Kapitalismus gab, suchten die Eltern eines deutschen Kevin nach einem Ausweg aus einer Zukunft, in der die Arbeiterklasse zunehmend in die Rückständigkeit gedrängt werden würde.

In einer aufschlussreichen Szene in der deutschen Erfolgsserie *4 Blocks* (2017–2019) über den Berliner Stadtteil Neukölln verliert Abbas Hamady, ein Mitglied des kriminellen Hamady-Clans, die Beherrschung, als er in einem neuen Café in der Nachbarschaft mit einem englischsprachigen Barista konfrontiert wird. Um die Spannungen der Gentrifizierung in Berlin zu dramatisieren, attackiert Hamady, gespielt von dem Rapper Veysel Gelin, den US-amerikanischen Café-Besitzer, der ihn lässig auf Englisch grüßt. »Sprich Deutsch!!!«, schreit Abbas. Die Hamadys mögen in den vier Blocks von Neukölln wie Könige herrschen, aber sobald sie ihre Enklave verlassen, sind sie der Polizei, anderen Gangs und dem deutschen Rassismus ausgeliefert. Sie haben zwar Geld, aber keine deutschen Pässe. Sie können nicht an der erleichterten Mobilität partizipieren, die den Menschen durch die Globalisierung garantiert werden soll. In *4 Blocks* ist es der Einwanderer, der die deutsche Sprache verteidigt und am lautesten gegen die Umwandlung seines Arbeiterviertels in den komfortablen Satellitencampus eines US-amerikanischen Auslandsstudiums protestiert.

Die Arbeitslosenquote in Deutschland ist niedrig, aber eine wachsende Zahl deutscher Arbeitnehmer ist in »atypischen Beschäftigungsverhältnissen« tätig oder hat einen Teilzeitjob, eine freiberufliche Tätigkeit, einen Niedriglohnjob oder einen Job ohne jegliche Sozialleistungen. Im Jahr

2019 kontrollierten die reichsten 10 Prozent der deutschen Haushalte 65 Prozent des deutschen Vermögens, während es im Jahr 1970 noch 44 Prozent waren.[10] Die wachsende Ungleichheit ist ein weiterer Bereich, in dem Deutschland die Vereinigten Staaten nachahmt. Allerdings ist die deutsche Hochschulbesuchsquote eine der höchsten unter den OECD-Ländern.[11] Mit ihren soliden Berufsausbildungen sollten die deutschen technischen Universitäten die Industrie mit gut ausgebildeten Arbeitskräften versorgen. In den Geistes-, Sozial- und Kulturwissenschaften übernehmen die deutschen Universitäten jedoch zunehmend US-amerikanische und anglophone Vorlieben. In den Büros eines universitären Forschungsinstituts im ehemaligen Osten sah ich ein Paar Toiletten, auf denen Regenbögen pupsende Einhörner abgebildet waren, die für die Genderneutralität innerhalb der Einrichtungen warben. Die Samwers und ihresgleichen sind auch auf der Suche nach Einhörnern, aber solchen, die Ströme von Gold anstatt Regenbögen produzieren. Es war überraschend, diese Toilettenaufkleber in einer Gegend zu sehen, in der Salzproduktion und Tourismus die Entvölkerung kaum aufzuhalten imstande sind.

Aus der Sicht einer Außenstehenden leidet die deutsche geistes- und sozialwissenschaftliche Hochschulforschung unter einem semifeudalen Belohnungssystem, das einigen wenigen mächtigen Professoren die Möglichkeit gibt, über die Forschungskarriere von Doktoranden zu entscheiden. Der Versuch, US-amerikanische Rankingsysteme zu imitieren, hat der Regierung einen Vorwand geliefert, um die Budgets von Einrichtungen zu kürzen, die mit den neuen Exzellenzstandards nicht mithalten können. Ein höheres Wettbewerbsniveau führt nicht zu besseren Beschäftigungsmöglichkeiten für junge Wissenschaftler, die ihren Lebensunterhalt bis weit in ihre vierziger und fünfziger Jahre hinein mit einer Reihe von befristeten Stellen bestreiten müssen. Wenn deutsche Universitäten einfach die kulturellen und politischen Strategien ihrer US-amerikanischen Pendants kopieren, indem sie sich als Boutique-Trainingsgelände für die Start-up-Kultur und/oder den Identitätspluralismus der amerikanischen PMC anbieten, dann wird es Deutschland tatsächlich gelingen, sich in einen fügsamen 51. Staat der USA zu verwandeln, entzweit durch eine Politik des Pseudo-Fortschritts, die die brutalen wirtschaftlichen und sozialen Realitäten verschleiert. Parteien wie die AfD könnten nicht gedeihen, wenn es keine abgehobene deutsche PMC gäbe, die sich US-amerikanische Streamingdienste ansieht, vom nächsten Einhorn träumt, zudem bereit ist, den US-Imperialismus im In- und Ausland zu unterstützen und die Sorgen der Arbeiterklasse zu ignorieren oder gar zu verachten. »Kevinismus« ist eine relativ harmlose und sozial stigmatisierte Form kultureller Nachahmung: Die PMC-Liebe der Vereinigten Staaten ist sehr viel gefährlicher – sowohl für die Deutschen als auch für die ganze Welt.

Catherine Liu, im März 2023

Einführung

Solange die meisten von uns denken können, führt die Professional Managerial Class (PMC) einen Klassenkampf, und das nicht etwa gegen Kapitalisten oder den Kapitalismus selbst, sondern gegen die Arbeiterklasse. Mitglieder der PMC erinnern sich noch an eine Zeit, in der sie selbst fortschrittlicher waren – vor allem während der »Fortschrittlichen Ära«[1]: Einst unterstützten sie die Militanz der Arbeiterklasse in ihren großen Kämpfen gegen Räuberbarone und Kapitalisten wie Leland Stanford, Andrew Carnegie, John D. Rockefeller und Andrew Mellon. Heute aber gehen sie an die Uni Stanford und betrachten private Stiftungen, die dieselben Namen tragen, als philanthropische Vorbilder und Quellen für entscheidende Finanzierung und Anerkennung. Noch immer halten sie sich für die Helden der Geschichte, die unschuldige Opfer gegen ihre bösen Peiniger verteidigen, doch die Arbeiterklasse ist für sie keine Gruppe, die es wert ist, gerettet zu werden, weil sie sich, gemessen an PMC-Maßstäben, nicht anständig benimmt: Sie ist entweder politikverdrossen oder zu wütend, um höflich zu sein. Liberale Mitglieder der hoch qualifizierten Klassen und einem Uni-Abschluss inklusive Auszeichnung mit Sternchen lieben es, das Wort *empower*[2] zu benutzen, wenn sie über »das Volk« sprechen, der Gebrauch dieses Verbs objektiviert jedoch die Menschen, denen sie zu helfen gedenken, und impliziert, dass sie ohne ihre Hilfe keinerlei Zugang zur Macht haben. Schamlos pachtet die PMC, als Vertreterin der heutigen herrschenden Klasse, alle Formen von säkularisierten Tugenden: Immer dann, wenn es um eine politische und wirtschaftliche Krise geht, die vom Kapitalismus selbst erzeugt wurde, verwandelt die PMC den Kampf um politische Kurswechsel und wirtschaftliche Umverteilung in individualisierte Passionsspiele, die sich auf Akte des »etwas Zurückgebens an die Gesellschaft« oder verdinglichte Formen der Selbsttransformation konzentrieren. In ihren besonderen Vorlieben und kulturellen Neigungen findet sie die Rechtfertigung für ihr unerschütterliches Überlegenheitsgefühl gegenüber der gewöhnlichen Arbeiterklasse. Wo ihre Politik auf wenig mehr als Tugendprahlerei[3] hinausläuft, liebt sie nichts mehr als Moralpaniken, um ihre Mitglieder zu immer sinnloseren Formen von Pseudo-Politik und Hypervigilanz anzustacheln. Die viel gescholtene Hillary Clinton war zumindest ehrlich in ihrer Verachtung für die einfachen Leute, als sie die Trump-Anhänger 2016 als die »Beklagenswerten« bezeichnete. Deren Trotz von 2016 gegenüber der PMC und der Liberalen-Mafia hat sich einzig zu einem reaktionären Antiautoritarismus verhärtet, den ein anderer reaktionärer Demagoge versuchen wird für sich auszunutzen. Das Tugendpachten der PMC macht das Ganze nur noch schlimmer: Erst entlassen die angestellten Manager die Arbeiterschaft, um sie anschließend noch wegen ihres schlechten Literaturgeschmacks, ihrer schlechten Ernährung, ihrer instabilen Familien und miserablen Erziehungsgewohnheiten zu demütigen.

Als die PMC noch mit der Notlage der arbeitenden Menschen sympathisierte, leistete sie auch Pionierarbeit für professionelle Forschungsstandards, die in Berufsorganisationen wie der American Medical Association, der Association of University Professors und all den Berufsorganisationen verankert sind, die heute das akademische Leben beherrschen. Durch die Organisation des Berufslebens versuchte die PMC die Integrität von Spezialisten und Experten vor der Macht der Kapitalisten und des Marktes zu schützen. Von Jane Addams bis John Dewey haben die Mitglieder der frühen amerikanischen PMC die akademische Freiheit und die Rolle der Forschung bei der Steuerung der öffentlichen Politik als entscheidend für die Entwicklung der industriellen Demokratie angesehen. Damit folgten die ersten Sozialarbeiter, die Vorreiter des Investigativjournalismus und radikale Sozialwissenschaftler dem Vorbild der amerikanischen Arbeiter und der von Eugene Debs angeführten Sozialistischen Partei in einem tausendjährigen Kampf für die Macht der Arbeiter.[4] Diese berauschenden Zeiten des PMC-Heldentums sind jedoch längst vorbei. Mit ihrer professionellen Disziplin und ihrer Aura der Uneigennützigkeit hat sich die PMC während der Depression, während des Zweiten Weltkriegs und in der Nachkriegszeit, mit dem Ausbau der Universitäten und der wachsenden Komplexität der US-amerikanischen Wirtschafts- und Gesellschaftsordnung, sehr gut behauptet. Als sich das Blatt gegen die amerikanischen Arbeiter wendete, zog die PMC es vor, Kulturkämpfe gegen die unteren Klassen zu führen und gleichzeitig um die Gunst jener Kapitalisten zu buhlen, die sie einst so verachtete. Der Kulturkampf war schon immer ein stellvertretender Wirtschaftskrieg, aber die 1960er Jahre teilten das Land in die vermeintlich Erleuchteten und die vermeintlich Umnachteten, und die PMC konnte sich nun von den wirtschaftlich Unterlegenen auf eine Weise abgrenzen, die moralisch gerechtfertigt schien.

Nach 1968 verlagerte sich die Loyalität der PMC allmählich von den Arbeitern zum Kapital. Seitdem haben die erfolgreichsten und sichtbarsten Teile der PMC ihr Hirn schamlos in den Dienst der Bosse gestellt. Wo Marx noch die Theorie aufstellte, dass der Klassenkampf der Motor des geschichtlichen Wandels und das Proletariat dessen politischer Akteur sei, da versucht die neueste Inkarnation der PMC selbst Geschichte zu schreiben, indem sie die Macht der Arbeiterklasse untergräbt und die Interessen der Arbeiterklasse ignoriert. Die PMC-Elite nach 1968 ist ideologisch von ihrer eigenen unanfechtbaren Position überzeugt, davon, dass sie die fortschrittlichsten Menschen umfasst, die die Erde je gesehen hat. In der Tat hat sie aus ihrem Avantgardismus eine Tugend gemacht. Gestützt auf das Erbe der Gegenkultur, mit ihrem Engagement für technologische und spirituelle Innovationen, versuchen die PMC-Eliten dem Rest von uns vorzuschreiben, wie wir zu leben haben, und es ist ihnen größtenteils gelungen, die physische und gegenwärtig kybernetische Infrastruktur unseres täglichen Lebens zu zerstören und nach ihrem Ebenbild wiederaufzubauen.[5] Als das Vermögen der PMC-Eliten stieg, bestand die Klasse auf ihrer Fähigkeit, gewöhnliche Dinge auf außergewöhnliche, grundlegend überlegene und tugendhaftere Weise zu tun: Als Klasse las sie Bücher, zog Kinder groß, aß Essen, hielt sich gesund und hatte Sex als die kulturell und affektiv fortgeschrittensten Menschen der Menschheitsgeschichte. Während die konservative Kritik an dieser »neuen« Klasse, ob von Herman Kahn, William F. Buckley, Newt Gingrich oder David Brooks und Tucker Carlson, reines Medientheater ist, klingt deren Verurteilung der heimlichen Verachtung des Liberalismus für die einfachen Leute richtig. Rechte Experten haben die Wut der einfachen Leute gehört, aber sie haben dieses Gefühl für reaktionäre politische Zwecke instrumentalisiert. Niemand hat den Unmut der Bevölkerung gegen die PMC so effektiv mobilisiert wie Donald Trump. Er hat sich lediglich die jahrzehntelange erfolgreiche konservative Propaganda zunutze gemacht, die den PMC-Liberalismus als Feind des Volkes und der Volksinteressen darstellte. Trump gab nie vor, tugendhaft zu sein: Seine vom Es getriebene Politik und sein Mangel an Selbstbeherrschung bildeten den Kern seiner Anziehungskraft auf diejenigen, die sich vom liberalen Über-Ich verachtet fühlten. Um reaktionäre Politik, die sich als Populismus tarnt, zu besiegen, brauchen wir einen Anti-PMC-Klassenkampf von links, nicht noch mehr Identitätspolitik, die bloß zu einem weiteren Vehikel für die Tugendprahlerei der PMC geworden ist. Die Demokratische Partei ist jedoch nicht die politische Organisation, die uns im Kampf gegen den Kapitalismus und sein zutiefst zerstörerisches System der Ausbeutung und des Rent-Seeking führen wird.

Meine kurze Einführung in die PMC ist polemisch: Für eine aktuelle »objektive« Darstellung des Begriffs muss man sich nur Gabriel Winants »Professional Managerial Chasm: a Sociological Designation Turned into an Epithet and Hurled Like a Missile« in *N+1* anschauen.[6] Im Gegensatz zu Winants Artikel handelt es sich beim der hier vorliegenden Essay nicht um ein neutrales Stück professioneller Gelehrsamkeit, das Begriffe und ihre Definitionen verfeinert, auf Nuancen besteht und dann mit dem Finger auf diejenigen in der Linken zeigt, die angeblich unhöflich sind, keine höflichen Diskussionen führen können und Beleidigungen wie Raketen auf ihre Feinde schleudern. Winant glaubt an liberale Tugenden; ich nicht. Winant veröffentlichte seine PMC-Apologie und sein Links-Bashing zu einem Zeitpunkt, als Elizabeth Warren in den Umfragen für 2019 an der Spitze lag, bevor die Abstimmung bei den demokratischen Vorwahlen begann. Warren hat es nicht geschafft, in allen Staaten, in denen gewählt wurde, den zweiten oder manchmal auch nur dritten oder vierten Platz zu belegen. Winant forderte die Anhänger von Sanders auf, in die Knie zu gehen und sich mit Warrens Marke eines progressiven Professionalismus zu versöhnen. Er konnte nicht vorhersehen, dass es Sanders war, der eine Vorwahl nach der anderen gewann, während die Wähler Warrens Marke eines begrenzten Progressivismus entschieden ablehnten.

Die Gründe für diese Ablehnung sind vielfältig, aber Zentristen und Liberale wollen das Misstrauen der Bevölkerung gegenüber inkrementellen Lösungsansätzen ignorieren, indem sie den kollektiven Wunsch nach einer radikalen wirtschaftlichen Umstrukturierung abtun. In den Vereinigten Staaten haben Generationen von vermeintlich neutralen Experten die öffentlichen Güter ausgehöhlt, den öffentlichen Raum entwertet, die Monetarisierung von allem, von der Gesundheit bis zur Begabung, erleichtert und Generationen von Amerikanern mithilfe des Märchens verschuldet, Meritokratie erhöhe die soziale Mobilität.[7] Die Liberalen haben tatenlos zugesehen, wie das Finanzkapital und die Unternehmensinteressen die öffentlichen Kassen plünderten. Winant historisiert jedoch die PMC und fordert uns auf, ihre Werte nicht aufzugeben. Indem ich die PMC durch eine polemische Darstellung ihrer Moral kritisiere, hoffe ich, ihre Macht über die Art und Weise, wie wir über Politik denken, zu schwächen. Das Ziel meiner Kritik ist eine Rückkehr zu sozialistischer Politik und zu sozialistischen Maßnahmen, die einst von den Vordenkern der PMC an den Rand gedrängt und durch die historischen Präsidentschaftskampagnen von Bernie Sanders 2016 und 2020 wieder sichtbar gemacht wurden. Jetzt, da wir die Ergebnisse der demokratischen Vorwahlen 2020 gesehen haben, bin ich mir jedoch noch sicherer, dass Warren und der Rest der PMC echtem politischem Wandel im Weg stehen werden. Warren, die auf einen Platz in der neuen Biden-Regierung schielt, hat bewiesen, dass sie mehr an ihrem eigenen beruflichen Aufstieg interessiert ist als an der politischen Ideologie und den sozialen Werten, die sie und Sanders angeblich teilen.

Nach John und Barbara Ehrenreich besteht die PMC aus »angestellten Geistesarbeitern, die nicht im Besitz der Produktionsmittel sind und deren Hauptfunktion in der gesellschaftlichen Arbeitsteilung allgemein als Reproduktion der kapitalistischen Kultur und der kapitalistischen Klassenbeziehungen beschrieben werden kann«.[8] Während Siegfried Kracauer und C. Wright Mills Anzugträger als Sachbearbeiter, Verkäufer und Büroangestellte beschrieben, die von der körperlichen Arbeit abgeschirmt waren, umfasst die PMC der Ehrenreichs entwurzelte, qualifizierte Fachleute wie Kreative der Kulturindustrie, Journalisten, Software-Ingenieure, Wissenschaftler, Professoren, Ärzte, Banker und Anwälte, die in großen Organisationen wichtige Führungsaufgaben übernehmen. In den 1960er Jahren sahen die jungen Mitglieder der Klasse in Robert McNamara, dem Fürsprecher des Vietnamkriegs, den klaren Feind des Fortschritts: Für sie war McNamara ein kaltblütiger Mörder, dabei war er einfach nur ein sehr hochrangiges Mitglied ihrer Klasse. Die heutige PMC trägt vielleicht keine Kulis mehr in der Hemdtasche, aber auch sie hat die Zerstörung der Leben und Lebensgrundlagen von armen und arbeitenden Amerikanern aller *races*[9], Geschlechter und Sexualitäten im Namen der Chancengleichheit, der Wettbewerbsfähigkeit, der Austeritätspolitik und der Effizienz mitangesehen. Seit den 1970er Jahren haben die PMC-Eliten Massenpolitik nur zu gerne aufgegeben, um stattdessen die gesellschaftliche Arbeitsteilung und die immer größer werdende Kluft zwischen denen, die im Spätkapitalismus gedeihen, und denen, die dies nicht tun, zu reproduzieren.

Amerikanische Konservative haben sich eher bereit gezeigt, über Klassengegensätze zu sprechen als Liberale wie Winant. In einem Artikel mit dem Titel »The Real Class War« beschrieb Julius Krein, der Herausgeber von *American Affairs*, die gegenwärtige politische Situation in Amerika als eine, die durch einen Klassenkampf zwischen den 0,01 Prozent und den oberen 10 Prozent, oder der PMC, gekennzeichnet ist. Für ihn ist die amerikanische Arbeiterklasse dermaßen niedergeschlagen und herabgesetzt worden, dass sie keinerlei politische Handlungsfähigkeit mehr besitzt. Krein zufolge muss eine bessere, aufgeklärtere PMC entstehen, um die Politik rückgängig zu machen, die die Ungleichheit in allen Wirtschaftsschichten verschärft hat. Noch militanter als Winant forderte Krein die PMC-Eliten auf, in ihrem eigenen Interesse zu handeln und gegen die »Ungleichheit innerhalb der Elite« zu kämpfen: »Um der verarmten Arbeiterklasse dabei zu helfen, unsere eigenen ›erbärmlichen‹ Oligarchen zu stürzen, müssen die unteren Ebenen der PMC den Kampf gegen Entfremdung und Ausbeutung anführen.«[10] In der gleichen Ausgabe von *American Affairs* veröffentlichte Krein Amber Frosts »The Characterless Opportunism of the Managerial Class«, einen antithetischen Artikel, in dem die Autorin argumentiert, die PMC bestehe aus unzuverlässigen, formwandelnden »Nachhutkämpfern«.[11]

2019 veröffentlichte Michael Lind *The New Class War: Saving Democracy from the Managerial Elite*. In diesem Buch will Lind das amerikanische Ideal einer klassenlosen Gesellschaft wiederbeleben und macht die Managerelite für den Aufstieg des angloamerikanischen Populismus verantwortlich. Dem kann ich nicht ganz widersprechen. Lind klagt die PMC auch dafür an, dass sie die Arbeiterklasse verteufelt, weil diese den zentristischen Inkrementalismus ablehnt. Lind ist das seltsamste aller Geschöpfe, ein antisozialistischer Verfechter der Arbeitermacht.[12] Als solcher ist er in der Lage, die Misserfolge von Occupy Wall Street und deren Vernachlässigung des Klassenkonflikts zugunsten eines anarchistischen Prozeduralismus und der kulturellen Wende, die eine solche Politik ermöglicht hat, anzusprechen, aber sein Ziel, einen dauerhaften Klassenfrieden zu sichern, impliziert eine saubere, ausgehandelte Lösung des Klassengegensatzes, die eher verwaltungstechnisch und administrativ als politisch und objektiv ist. Was Lind und die meisten Zentristen, ob konservativ oder liberal, erschreckt, ist die Vorstellung, dass der real umgesetzte Sozialismus als eine politische Regierungsform nicht das Ende des Klassenkampfes ist, sondern sein eigentlicher Anfang.

Als Klasse redet die PMC lieber über Vorurteile als über Gleichheit, über Rassismus als über Kapitalismus, über Sichtbarkeit als über Ausbeutung. Toleranz ist für sie die höchste säkulare Tugend – aber Toleranz hat fast keine politische oder wirtschaftliche Bedeutung. Die Rechte ist sich der liberalen Angeberei sehr wohl bewusst und hat die populären Ressentiments gegen diese Klasse von mutmaßlichen Heuchlern als Waffe eingesetzt. Fox News lebt, um es den Liberalen zu zeigen; der reaktionäre Hass auf Fachleute und auf Professionalität entspringt aber nicht der Liebe zum Volk, sondern der Treue zur besonderen Souveränität der freien Märkte, die alle sozialen Probleme lösen sollen. In der Tat brauchen die Konservativen einen funktionierenden und mächtigen PMC-Kader von ausgebremsten wie gehemmten Fachleuten, die als Boxsäcke für ihre Politik des allgemeinen Unmuts dienen. Die PMC kommt diesen Reaktionären weiterhin entgegen, indem sie populäre Maßnahmen wie *Medicare for All* verrät und sich stattdessen für bedürftigkeitsgeprüfte, von Denkfabriken gebraute Big Pharma und von Lobbyisten genehmigte Formen der Gesundheitsversorgung entscheidet, die es ermöglichen, Profit auf Kosten der öffentlichen Gesundheit und des Gesundheitspersonals zu machen. Die Versicherungsunternehmen haben ihre Gewinne seit Beginn der Coronapandemie verdoppelt. Ihre mächtigsten Lobbyisten haben die Demokratische Partei in ihren Bann gezogen. Wie sich herausstellt, hat die Tugend der PMC auch einen Farbton: Grün, genau wie die Dollarscheine.

Obwohl die PMC zutiefst säkularer Natur ist, ist ihre Rhetorik pseudoreligiös. Während die PMC konservative Christen mit ihrem Medienmonopol auf liberale Rechtschaffenheit erzürnt, findet sie, wie die meisten protestantischen Sekten, ihr Heil im materiellen und irdischen Erfolg. In liberalen Kreisen ist es nicht bloß kontrovers, von Klasse oder Klassenbewusstsein vor anderen Formen von Unterschieden zu sprechen; es ist ketzerisch.[13] Man wird als »Klassenreduktionist«, beschimpft, wenn man argumentiert, dass *race*, Geschlecht und Klasse keine austauschbaren Kategorien sind. Sie verwenden den legalistischen und tödlichen Begriff *intersektional*, um der materialistischen Kritik an ihrer Politik Rechnung zu tragen. Die PMC will einfach nicht, dass ihre Klassenidentität oder ihre Interessen aufgedeckt werden. Junge Menschen, die in die von den Ehrenreichs sogenannten »freien Berufe« eintreten und Positionen in der Wissenschaft sowie in der Kultur- und Medienindustrie erlangen wollen, mussten sich an das Prokrustesbett von PMC-dominierten Einflussnetzwerken anpassen. Wer die Klassenkritik privilegieren will, sollte auf eine gründliche Kommunistenhetze und Fragen gefasst sein wie: »Warum tragen Sie vorzeigbare Kleidung, wenn Sie ein Sozialist sind? Sollten Sie nicht Jutesäcke tragen?«,und: »Warum machen Sie gerne Sport? Ist das nicht Teil des militärisch-industriellen Komplexes?«, und: »Warum fördern Sie Konflikte? Schüren Sie nicht in unverantwortlicher Weise Gewalt?« Die PMC-Eliten glauben, dass Askese das Schicksal der Linken ist und dass jede Art von sozialem Konflikt, der durch zersetzende Ungleichheit entsteht, ihre Schuld ist. Mit der Förderung dieser unbedachten Annahmen über die Linke verteidigt die PMC den Kapitalismus als Lieferanten von Luxus und Harmonie. Gabriel Winants Charakterisierung der kriegerischen Sprache der Linken ist nur ein Beispiel für die Versuche des Liberalismus, seinen Antagonisten zu disziplinieren, den Sozialismus, der sich mit der PMC anlegt. Die Linken müssen akzeptieren, dass es für uns keine Klasse ohne Klassengegensatz und Klassenwiderspruch gibt. Ich äußere mich nicht etwa zur PMC, weil ich hoffe, eine zivile Diskussion über unsere Differenzen führen zu können: Ich schreibe diese Kritik, um die historisch begründete, tugendpachtende Politik der PMC herauszustellen, die sich weigert, die sozialen und politischen Veränderungen, die wir dringend brauchen, anzunehmen und zu unterstützen.

1977 waren die Ehrenreichs die ersten, die vorhersagten, dass die Werte und die Ideologie der PMC die liberale und schließlich die neoliberale Politik in absehbarer Zukunft dominieren würden. Seit der Veröffentlichung ihrer Abhandlung haben sich die Klasse und ihre charakteristischen Merkmale weiterentwickelt und verändert, während sich ihre Macht ausgeweitet hat und der Kapitalismus noch raubtierhafter geworden ist. In der Tat ist die Fungibilität der PMC Teil der strukturellen Dynamik der Klasse. Die Analyse der Ehrenreichs ermöglicht es uns, die Hegemonie einer Klasse zu isolieren und zu identifizieren, die in ihrer jüngsten Inkarnation verzweifelt versucht, sich an die seit den 1970er Jahren angehäufte Macht zu klammern.[14] Die düsteren sozialen Folgen ihres Monopols auf Fachwissen sowie ihre Versuche, öffentliche Tugenden zu monopolisieren und gleichzeitig alle Versuche einer sinnvollen wirtschaftlichen Umverteilung zu blockieren, haben unserer gegenwärtigen politischen Situation Gestalt gegeben.

Die Ehrenreichs stützten sich auf Siegfried Kracauers Studie über die Angestellten der Zwischenkriegszeit in Berlin, die die verblendeten politischen Subjekte schlechthin waren. Sie verachteten jeden, der körperliche Arbeit verrichtete, und träumten von sofortigem Luxus und Reichtum, während sie mit Begeisterung ihre eigenen Kündigungen verfassten. C. Wright Mills verurteilte den Angestellten der Nachkriegszeit als hoffnungslos mit dem Verkaufen identifiziert und hielt diesen speziellen Arbeitnehmer für besonders anfällig für die Marktdisziplin und ihre vorgefertigten, verdinglichten Versionen von Persönlichkeit und Intersubjektivität. Christopher Lasch hielt die anzugtragende Angestellten- und Managerklasse für hoffnungslos und kollektiv von ihrem eigenen Narzissmus hypnotisiert.[15] Für die Ehrenreichs verkörpert die heutige PMC all diese Eigenschaften, die von linken Sozialkritikern der Vergangenheit identifiziert wurden, aber die neuen Eliten dieser Klasse haben ihre Identifikation mit dem Kapitalismus zur Waffe gemacht. Obwohl sie auf die Vulgarität und Dummheit der Massen herabsehen, stehen sie den von ihren liberalen Vorgängern verteidigten Berufsprotokollen und -normen völlig gleichgültig, ja sogar feindselig gegenüber. In Wirklichkeit schätzen sie eine traditions- und geschichtsfeindliche Form des Unternehmertums, die auf Publicity setzt und Hierarchie und Organisation hasst.

Da Sie dieses Buch lesen, sind Sie wahrscheinlich, so wie ich, ein ambivalentes Mitglied der PMC. Ich gehöre bestenfalls zur zweiten Generation der PMC, aber mir gefällt nicht, was ich von meiner Klasse sehe, und ich bin entschlossen, für die Vergesellschaftung jener Dinge zu kämpfen, die die PMC pachten will: Tugend, Zähigkeit, Ausdauer, Gelehrsamkeit, Fachwissen, Prestige und Vergnügen sowie kulturelles und tatsächliches Kapital. Die sich verändernden Konturen einer Klasse zu definieren, der man teilweise selbst angehört, bedeutet, sich auf den schwierigen Prozess politischer Selbstkritik einzulassen, der mit einer entblößenden und brutalen Rekonzeptualisierung und Historisierung der eigenen Werte, Empfindungen und Affekte beginnt. Der Verzicht auf die eigene narzisstische Fetischisierung des Intellekts oder der Raffinesse ist kein einfacher Akt. Diese kurze Einführung soll uns dabei helfen, die notwendige Arbeit der Selbstkritik zu leisten, und gleichzeitig einige Werkzeuge bereitstellen, um PMC-Positionen in ihren am besten verteidigten Refugien anzugreifen – in politischen Organisationen, im Verlagswesen, in den Medien, in privaten Stiftungen, in Think-Tanks und in den Universitäten.

Während die Rechte ein hartnäckiges Hindernis für eine wirtschaftliche Neuordnung und eine groß angelegte soziale Umverteilung darstellt, ist es jedoch in Wirklichkeit die liberale PMC, die der politischen Revolution im Wege steht, die notwendig ist, um eine andere Art von Gesellschaft und Welt zu schaffen, in der die Würde der einfachen Menschen und der Arbeiterklasse im Mittelpunkt steht. Die PMC ist zutiefst feindselig gegenüber einfachen Umverteilungsmaßnahmen, die eine Präsidentschaft von Bernie Sanders umgesetzt hätte: Sie ist gegen die Idee, Solidarität unter den Unterdrückten aufzubauen. Sie zieht Obskurantismus, Balkanisierung und die Verwaltung von Interessengruppen einer transformativen Neugestaltung der sozialen Ordnung vor. Sie will den tugendhaften Sozialhelden spielen, aber als Klasse ist sie hoffnungslos reaktionär. Die Interessen der

PMC sind heute mehr denn je an ihre Konzernoberherren gebunden als an die Kämpfe der Mehrheit der Amerikaner, deren Leiden lediglich als Hintergrunddekoration für die ehrenamtliche Arbeit der PMC-Elite dient. Die Mitglieder der PMC mildern die Schärfe ihres Schuldgefühls angesichts des kollektiven Leids, indem sie ihre Qualifikationsnachweise streicheln und sich selbst einreden, dass sie besser und qualifizierter als andere Menschen sind, um zu führen und zu leiten.

Der Zentrismus der PMC ist eine mächtige Ideologie. Seine Prioritäten in Forschung und Innovation werden immer mehr von Unternehmensinteressen und dem Profitmotiv geprägt, während in den Geistes- und Sozialwissenschaften Forscher von privaten Stiftungen für ihre generelle Missachtung des historischen Wissens, ganz zu schweigen vom historischen Materialismus, belohnt werden. Die Belohnungen für die Befolgung der Direktiven der herrschenden Klasse sind einfach zu groß, aber der intellektuelle und psychische Preis, der für diese Compliance gezahlt werden muss, sollte für jedes Mitglied der Gesellschaft zu hoch sein. In der Wissenschaft hat die amerikanische PMC viel dazu beigetragen, strenge Begutachtungsverfahren durch (gleichrangige) Fachkollegen (Peer-Review-Verfahren) und Forschungsautonomie zu etablieren, aber wir können es uns nicht länger leisten, ihren hochgeschätzten Grundsatz der erkenntnistheoretischen Neutralität als Geheimwaffe gegen »Extremismus« zu verteidigen. Wir leben in einer politischen, ökologischen und sozialen Notlage: Der Klassenkampf um die Verteilung der Ressourcen ist der entscheidende Kampf unserer Zeit.

In *Fear of Falling: The Inner Life of the Middle Class*, Barbara Ehrenreichs Nachfolger des Aufsatzes über die PMC von 1977, argumentierte Ehrenreich, dass der wachsende Klassengegensatz der PMC gegenüber der Arbeiterklasse durch wachsende ökonomische Ängste – die wiederum eine Reaktion auf die Angriffe der Rechten auf die sozialen und öffentlichen Dienste waren – beflügelt wurde, die sich nun mit der Verachtung der Gegenkultur für die einfachen Leute verbanden. In der Reagan-Ära hatte sich der Hippie in einen Yuppie verwandelt, einen jungen städtischen Berufstätigen, der mit einer intensiven Bindung an die unvergleichlichen Vergnügungen und sofortigen Befriedigungen prahlen konnte, die durch die American-Express-Karte ermöglicht wurden.[16] Als die wirtschaftliche Umverteilung von oben nach unten zu Ende ging und die Rent-Seeking-Kapitalisten in der Vorstellung der Bevölkerung nicht mehr verteufelt wurden, rückte der Yuppie für kurze Zeit in den Mittelpunkt der amerikanischen Vorstellungskraft als eine Figur, die den Weg in eine prunkvolle, zügellose Zukunft wies. Laut Ehrenreich versöhnte der Yuppie den Hedonismus der 1960er Jahre mit dem schuldengetriebenen Konsumismus der 1980er. Aus Gebetsperlen wurden Rolex-Uhren, aber das traditionsbrechende Ethos war das gleiche: Genuss wird dich befreien. Der junge urbane Berufstätige verspottete die Ideale von wirtschaftlicher Uneigennützigkeit und Eliten-Öffentlichkeitsarbeit, die die alte PMC noch geprägt hatten. Die Feier der reinen Macht des Geldes wurde sowohl vom fiktiven Patrick Bateman, dem obdachlosen- und prostituiertenmordenden, koksenden Wall-Street-Händler aus *American Psycho*, als auch vom realen Donald Trump verkörpert. In *American Psycho* lässt

Bret Easton Ellis den Yuppie-Sadismus auf eine grenzüberschreitende Weise antiliberal, aufregend und glamourös erscheinen.[17]

In den 1980er Jahren waren die Fantasien der PMC-Elite über die gewöhnlichen Amerikaner aus der Mittelschicht, der unteren Mittelschicht und der Arbeiterklasse sowohl von Yuppie- als auch von Hippie-Fantasien geprägt: Die gewöhnlichen Menschen waren in lähmenden, stabilen Arbeitsplätzen, aufgeschobener Gratifikation und sozialer Konformität gefangen. Sie waren wie Flauberts Idioten, aber ärgerlicherweise genossen sie gute Renten und Sozialleistungen. Während die Hippies die Stabilität hassten, die durch den von den Gewerkschaften ausgehandelten Frieden mit den Unternehmen der Nachkriegszeit erreicht worden war, gingen die Yuppies voran und zerstörten die Institutionen der lebenslangen Beschäftigungsgarantie durch fremdfinanzierte Übernahmen, die erst bei den Arbeitern und dann bei den Angestellten zu Personalabbau führten. Yuppies waren keine *American Psychos* oder charismatische Soziopathen – sie waren langweilig, ängstlich und konformistisch –, aber sie repräsentierten ein neues Gesicht der PMC-Elite: Sie dienten neuen Herren und genossen die Belohnungen dieses Dienstes. Als Jack Welch 1981 die Leitung von General Electric übernahm, verkörperte er als Super-Yuppie das Ethos des Managements für den Shareholder Value. Welch stützte sich auf einen Kader von PMC-Kostensenkern und »machte sich daran, den Aktienkurs zu steigern, indem er die Belegschaft reduzierte«.[18] Mehr als 70 000 GE-Mitarbeiter verloren unter Welchs Führung ihren Arbeitsplatz, und seine Managementfähigkeiten wurden in der Wirtschaftspresse und an Wirtschaftshochschulen in aller Welt lautstark gefeiert. Börsenmakler und das obere Management wurden für ihre Arbeit beim Personalabbau gut belohnt. Yuppies trugen dazu bei, eine neue Welt des Kapitalismus zu schaffen, eine Welt der öffentlichen Sparmaßnahmen und des privaten Luxus, der globalisierten Wirtschaft und der glänzenden Städte, die von einem verwüsteten Hinterland umgeben sind, einer Welt der ausgelagerten Arbeit und der blitzschnellen Kapitalströme. Sie haben die Befehle des Neoliberalismus ausgeführt und dabei Koks geschnupft, wobei ihr angeblicher Avantgardismus nur durch ihr Kreditkartenlimit begrenzt wurde.

Je mehr Reagan am sozialen Sicherheitsnetz riss, desto mehr erschienen die Armen der zerbrechlichen Mittelschicht als albtraumhafte Doppelgänger dessen, was sie sein würden, wenn sie die Steigbügel zu ihrer bürgerlichen Achtbarkeit verlieren würden. Die PMC sah die Klassen unter sich mit den Augen der herrschenden Klasse, und sie konnte sich nicht schnell genug von den verelendeten Armen distanzieren. Da die soziale Mobilität nach unten zu einer erschreckenden Realität wurde, wurden die armen Menschen zunehmend als das monströse Andere angesehen. Armut wurde ethnisiert, und die Armen wurden in rechten Reden dämonisiert. In der Zeit von Reagan entstand ein neues Narrativ der Armut: Arme Menschen hatten keine Impulskontrolle. Sie lebten nicht im Rahmen ihrer Möglichkeiten: Die Geschichte begann in den 1960er Jahren, als Daniel Moynihan argumentierte, dass Armut eine Frage der »Kultur« sei.[19] In den 1980er Jahren hatte die amerikanische Mittelschicht furchtbare Angst davor, in die unteren Klassen abzusteigen, und ihr eigenes finanzielles Wohlergehen war, objektiv betrachtet, zunehmend gefährdet. In einem neuen Zeitalter der Instabilität und Fragilität der Mittelschicht war sie hypnotisiert vom Spektakel der Yuppies als Oberschicht und verängstigt von den unteren Schichten.

Eine solche Darstellung dieser wirtschaftlichen Auseinandersetzungen verschleierte ihre materiellen Bedingungen, indem sie die Kultur gegenüber der politischen Ökonomie überbetonte. Fredric Jameson und andere Marxisten stellten eine »kulturelle Wende« in unserem Verständnis sozialer Gegensätze fest, die die wirtschaftlichen Bedingungen zugunsten von Apparaten zur Erkennung von Geschmäckern und Affekten in den Hintergrund treten ließ. In den 1990er Jahren stürmten die Kulturrebellen, die in den 1970er Jahren promoviert hatten, die Universitäten und sicherten sich unbefristete Stellen. Sie kümmerten sich nicht so sehr um Budgets und Verwaltung, sondern waren besessen von ihrer eigenen Verpflichtung für kulturelle Grenzüberschreitungen[20], zu denen es gehörte, Jeans im Unterricht zu tragen, Gras zu rauchen, mit Studenten zu schlafen und John Cale zu hören, aber auch Madonnas MTV-Videos zu genießen. Jean Baudrillard hatte uns gelehrt, dass alles ein Simulakrum sei, und es schien, als sei die Form zum wichtigsten Teil des Inhalts geworden, und Wörter wurden zu Signifikanten, die sich permanent von ihren Referenzen lösten. In der Entwicklung der PMC vermischte sich der Antagonismus gegen die Mainstream-Kultur und die normalen Menschen mit einem selbstgefälligen Gefühl der subkulturellen Überlegenheit.

Die »Überschreitung« der Grenzen der Professionalität

Im Jahr 1996, als die Zeitschrift *Social Text* Alan Sokals »Transgressing the Boundaries: Towards a Transformative Hermeneutics of Quantum Gravity« veröffentlichte, glaubten die Herausgeber, sie würden das Werk eines – wie wir heute sagen würden – »woken« Physikers und Mathematikers veröffentlichen. Mit Fußnoten, die Theoretiker wie Derrida, Guattari und Deleuze zitierten, stellt Sokal die haarsträubende Behauptung auf, dass

> [t]iefe konzeptionelle Veränderungen innerhalb der Wissenschaft des 20. Jahrhunderts [...] diese kartesianisch-newtonsche Metaphysik jedoch untergraben [haben]; revisionistische Untersuchungen über die Geschichte und Theorie der Wissenschaft [...] an deren Glaubwürdigkeit weitere Zweifel [haben] aufkommen lassen, und zuletzt [...] die feministische und poststrukturalistische Kritik den realen Inhalt der traditionellen wissenschaftlichen Praxis des Westens entmystifiziert und die hinter der Fassade der ›Objektivität‹ versteckte Herrschaftsideologie sichtbar gemacht [hat]. Dadurch wurde immer deutlicher, daß die physische ›Realität‹, nicht weniger als die gesellschaftliche, im Grunde ein soziales und sprachliches Konstrukt ist [...].[1]

Im Namen der poststrukturalistischen Theorie und des radikalen Relativismus, der seinen liberalen Pluralismus maskierte, verleugnete Sokals Artikel die Grundbausteine der modernen Wissenschaft – dass wir in einer Welt leben, in der die Gesetze der Physik herrschen, die beobachtet und beschrieben werden können. Eifrig dabei, diesen theoriefreundlichen, antiaufklärerischen Text zu unterstützen, der die Verwechslung von Relativismus mit Relativität erlaubte, waren die Herausgeber von *Social Text* Stanley Aronowitz, Bruce Robbins, Andrew Ross und die Peer-Reviewer des Artikels bereit zu glauben, dass Mathematik und allopathische Medizin nur darauf warteten, von der »Theorie« selbst unterbrochen und übertreten zu werden. Sokals Essay über Quantenphysik schien ein neues matriarchalisches Multiversum einzuleiten, das von instabilen, aber überschreitenden subatomaren Partikeln beherrscht wird, die im Slalom durch die Realität fliegen, dazu bereit, uns den Kopf zu verdrehen und unsere Geschlechter wie unsere Kultur zu verbiegen.

Nachdem Sokal offenbart hatte, dass sein Text ein Scherzartikel war, dafür vorgesehen, die fehlenden intellektuellen und wissenschaftlichen Bewertungsstandards einer der führenden Zeitschriften der Kulturwissenschaften aufzudecken, reagierten die Herausgeber herablassend, empört und defensiv. Sokal behauptete, dass die poststrukturalistische Theorie Betrug sei, nicht auf wissenschaftlicher Recherche oder Beweisen basierend, und von ehrgeizigen Autoren abhänge, die ordentlich Lärm machen und so die Aufmerksamkeit auf Schreckgespenster wie Wissenschaft und Objektivität lenken. Dagegen behaupteten die Herausgeber von *Social Text*, sie hätten Sokal nach der Einreichung seines Textes als naiven Wissenschaftler belächelt, der trotz seines ungeschickten und übereifrigen Versuches, diese Theorien zu verstehen, Unterstützung verdient hätte. Während sie ihn erst herablassend behandelten (indem sie ihn wohl angeblich ermutigten), verteufelten sie ihn, nachdem sie herausgefunden hatten, dass sein Artikel Unsinn gewesen war. Sie beschuldigten Sokal des unethischen Verhaltens und der Böswilligkeit. Tatsächlich war es aber die Schuld der Herausgeber, die den Artikel veröffentlicht hatten. Dessen Publikation hat dem Ruf der Geisteswissenschaften stark geschadet, zumindest unter Akademikern. Physiker und Mathematiker und junge Wissenschaftler, die in den Bereichen der Quantenphysik und der Quantenchemie arbeiten, diskutieren auch heute noch die Ergebnisse der Sokal-Affäre. Theoretiker und Geisteswissenschaftler tendieren dazu, diese vergessen zu wollen. Wie dem auch sei, letztlich gab es für keinen der Herausgeber der Zeitschrift berufliche Konsequenzen.[2] Im Gegenteil wurde der Ruf von Ross, Aronowitz und Robbins in den Kreisen der Theoretiker sogar noch aufpoliert, da sie vorgaben, die Guten im Kampf gegen die reaktionären Feinde der Theorie und der Identitätspolitik zu sein. Die drei Herausgeber repräsentierten das, was einmal die dominanten, von der PMC genehmigten identitären Positionen in akademischen Kreisen werden würden. Es ist wichtig zu bedenken, dass die Sokal-Affäre stattfand, als der Kulturkampf der amerikanischen Akademiker seinen Höhepunkt erreichte. An diesem Punkt stellten die Theorie- und Kulturwissenschaften alle Gegner ihrer erkenntnistheoretischen Neuheiten als Reaktionäre dar, die versuchten, an veralteten Ideen wie Objektivität und – schlimmer noch – Universalität festzuhalten.

Die poststrukturalistischen Kulturtheoretiker verachteten den unterdrückenden liberalen Nachkriegskonsens fast so sehr wie die visionärsten neoliberalen Ökonomen wie Alan Greenspan und seine Lieblingsikone, Ayn Rand. Dieser liberale Konsens basierte auf Staats- und Unternehmensunterstützung für lebenslängliche Anstellung, Arbeitsleistung, gute Sozialdienste und umverteilende Wirtschaftspolitik. Die Neue-Linke-/Kulturwissenschaftstypen hassten diesen liberalen Konsens genau so sehr wie die Neoliberalen es taten. Wenn Sie mir nicht glauben, suchen Sie doch nach dem liberalen Konsens in digitalisierten Ausgaben von kulturwissenschaftlichen Büchern aus den 1990er Jahren und Sie werden sehen, dass er nur erwähnt wird, um gemeinsam mit dem Patriarchat, der Heteronormativität und einer wagen Idee von Foucault'scher »Dominanz« verworfen zu werden. Das Wirtschaftssystem und das soziale Sicherheitsnetz, das von diesem überall verhassten Konsens erbaut worden war, waren schon in den 1990er Jahren durch jahrelange unternehmerische Plünderungen geschwächt. Wie Elizabeth Warren und Teresa Sullivan in ihrem 2001 erschienenen Buch *The Fragile Middle Class: Americans in Debt* gezeigt haben, zwangen der Lohndruck und steigende Lebenshaltungskosten die amerikanische Mittelschicht dazu, sich zu verschulden, um jene Lebensstandards zu erhalten, die einst durch Lohnsteigerungen erreicht worden waren.[3] Warren und Sullivan haben gezeigt, dass die Mittelschicht nicht von ihren eigenen Gehältern leben konnte und außerdem ausgebeutet wurde durch finanzielle Instrumente wie Kreditkarten und zweite Hypotheken, um stagnierende Löhne auszugleichen. Sie haben sich kein Geld geliehen, um in den Urlaub zu fahren – sie bezahlten

Arztrechnungen, Studiengebühren oder die Kosten für die Gründung ihres eigenen kleinen Unternehmens, nachdem sie oder ihre Familienmitglieder ihre stabilen Jobs verloren hatten. Die Entwicklungen, die Warren und Sullivan festgestellt hatten, verschärften sich weiter, nachdem ihr Buch veröffentlicht worden war. Das Wirtschaftswachstum hatte die meisten Amerikaner bereits hinter sich gelassen, aber die Grundstückspreise stiegen immer noch unerbittlich an, ungeachtet der Börsenvolatilität der 1990er und frühen 2000er Jahre. Die Banken entdeckten, dass die Hypothekenschuld der Mittelschicht und der Arbeiterschicht eine bis dato unberührte Quelle des Profits für Gläubiger war, solange die Wohnungspreise weiterhin stiegen. Weiterhin unter dem Lohndruck leidend, nahmen viele Amerikaner eine weitere Hypothek auf ihre Häuser auf, um damit die explodierenden Lebenshaltungskosten bezahlen zu können. In den 1980er Jahren waren Banken so erpicht darauf, Schulden zu refinanzieren und kaum beschäftigten Arbeitern Kredite zu gewähren, dass Wohnungseigentümer und Wohnungskäufer nur noch fadenscheinigste Formen der Dokumentation benötigten, um große Darlehen zu erhalten. Diese Darlehen sollten im Zentrum des Verfalls der Subprime-Kredite stehen. Die Leute wurden dazu ermutigt, teure neue Häuser zu kaufen oder ihre abbezahlten alten Häuser zu refinanzieren, indem sie sich zu niedrigen Zinssätzen Geld liehen, die sich einige Jahre später aufblähen würden. Die Banken verpackten diese nahezu betrügerischen Darlehen oder Risikokredite, bekannt unter dem Begriff »Subprime-Kredite«, als komplexe Instrumente, die gute und riskante Schulden in sogenannten »besicherten Schuldenverpflichtungen« tarnten.

Das Kartenhaus fiel in sich zusammen, als gestresste Hausbesitzer mit den Darlehen in Verzug kamen. Der Investmentbank Bear Stearns, die zu vielen risikoreichen Kreditinstrumenten ausgesetzt war, ging das Geld im März 2008 aus. Lehman Brothers meldete im folgenden Herbst Insolvenz an und sowohl der Börsenmarkt als auch der Immobilienmarkt stürzten einer nach dem anderen ab. Die Reichen sahen die Schuld bei den Armen, die versuchten, in einem verrückten Markt Kasse zu machen – obwohl wir doch wissen, dass moralische Versäumnisse oder die »Kultur« der Verschuldung nicht der eigentliche Grund für den Absturz waren. Ich habe reiche Amerikaner in meiner Familie darüber sprechen gehört, dass die Krise von armen Menschen verursacht worden sei, die sich Flachbildfernseher kauften. Ein weiteres Mal, wie bereits im Goldenen Zeitalter[4], haben die Reichen Wege gefunden, sich den Armen überlegen zu fühlen, dieses Mal jedoch durch ihren tugendhafteren Umgang mit ihren Vermögen. Es stellte sich heraus, dass normale Amerikaner verstrickt waren in ein klebriges Netz aus Korruption, Finanzialisierung, Lohndruck, Abstiegsangst und fehlenden Regulierungen. Für Journalisten und Finanzhistoriker wie John Cassidy und Adam Tooze waren der Börsencrash und die darauf folgenden Rettungsmaßnahmen unmittelbar mit dem Sturz zentristischer Regierungen auf der ganzen Welt verbunden.[5]

Am 10. September 2008 sprachen Hank Paulson, George W. Bushs Finanzminister, und Ben Bernanke, Vorsitzender der Fed [Federal Reserve Bank], vor dem Kongress, um die Gesetzgeber darum zu bitten, den kollabierenden Bankensektor zu retten. 2009, unter der neuen Regierung Obama, erstellte Timothy Geithner das *Troubled Asset Relief Pro-*

gram (TARP), welches den Banken 700 Millionen US-Dollar öffentliche Gelder zur Verfügung stellte, um ihre Bücher auszugleichen. Laut Toozes Analyse transferierte die Fed weitere fünf Billionen US-Dollar an nicht-amerikanische Banken, um global finanzielle Liquidität zu garantieren. In der Zwischenzeit, von 2007 bis 2016, verloren 7,8 Millionen Amerikaner ihre Häuser durch Zwangsvollstreckungen.[6] Die Wirtschaftskrise und das anschließende Rettungspaket verschärften die Ungleichheit in jeder Hinsicht, anstatt zu signifikanten Reformen im Finanzsektor zu führen. Die geretteten Banken gängelten die Arbeiterklasse weiterhin durch Zwangsvollstreckungen, während sie sich weigerten, neue Darlehen an kreditwürdige Kunden zu vergeben. Unter einem an einer Ivy-League-Universität[7] ausgebildeten afroamerikanischen Präsidenten kollabierte so afroamerikanisches Vermögen. Tatsächlich ist es allseits bekannt, dass afro- und lateinamerikanische Hausbesitzer am schwersten von der Finanzkrise 2008 betroffen waren: 2018 besaß eine afroamerikanische Familie 5,00 Dollar in Vermögenswerten, verglichen mit den 100,00 Dollar, die eine weiße Familie besaß.[8] Obamas Identitätspolitik wurde nicht in eine Wirtschaftspolitik umgesetzt, die Minderheiten und die Arbeiterklasse unterstützt hätte. Infolge des Börsencrashs im Jahr 2008 und inmitten der von Occupy Wall Street generierten Protestaufregung kehrten John und Barbara Ehrenreich zu ihrer Kritik von 1977 zurück und riefen den »Tod eines Yuppie-Traums« aus.[9] Ihr Nachruf auf die Yuppies war voreilig und übermäßig optimistisch, allerdings verfassten sie ihn zu einer Zeit, in der es so aussah, als könnte sich die PMC neu erfinden, womöglich sogar in Solidarität mit der Arbeiterklasse. Die Ehrenreichs hoben hervor, wie es bereits Christopher Lasch vor ihnen getan hatte, dass die PMC Schwierigkeiten damit hatte, sich selbst zu reproduzieren, weil sie die Arbeitsbedingungen *aller* Amerikaner untergraben und zugleich die Eintrittsbarriere zu den anerkannten Klassen zu hoch angesetzt hatte. Der PMC zugehörende Familien und deren Kinder waren in einem Teufelskreis zwischen den drückenden Kosten einer höheren Bildung und den sich verengenden Toren einer korrupten Leistungsgesellschaft gefangen. Indem sie ihre Hoffnungen auf die Occupy-Wall-Street-Bewegung setzten, wollten die Ehrenreichs die PMC zu wirklicher politischer Oppositionsarbeit bewegen.[10] Es ist unbestreitbar, dass junge, sozial absteigende »Occupiers«[11] mit Hochschulabschlüssen landesweit Aufmerksamkeit auf sich zogen, als die Protestierenden am 17. September 2011 den Zuccotti Park an der Wall Street übernahmen. Sie wurden zwei Monate später zur Räumung gezwungen, aber die Bewegung hatte eine dauerhafte Formel dafür gefunden, wirtschaftliche Ungleichheit zu beschreiben: »Wir sind die 99 Prozent«[12] führte den Antagonismus zwischen dem oberen einem Prozent, dem reichsten Segment der Bevölkerung, und dem Rest von uns, sogar den oberen neun Prozent, den Angehörigen der PMC, vor Augen. Eine Studie der Forscher Ruth Milkman, Stephanie Luce und Penny Lewis der City University of New York vom 1. Mai 2012, die während eines massiven Protests von einigen vormaligen »Occupiern« durchgeführt wurde, hat gezeigt, dass die Aktivisten und ehemaligen »Occupier« größtenteils Hochschulabschlüsse hatten, dass sie angestellte Fachkräfte und mehrheitlich männlich waren; nur acht Prozent der Befragten bezeichneten sich selbst als Arbeiter.[13] In ihrer Analyse der Occupy-Wall-Street-Bewegung hoben Milkman, Luce und Lewis die Erfahrungen der Kernaktivisten hervor, sowohl ihre Verbundenheit zu dem kanadischen, antikonsumistischen Magazin *Adbusters* als auch die Inspiration, die ihnen die Proteste des Arabischen Frühlings brachten.

Einer der »Occupier«, der von Milkman, Luce und Lewis zitiert wurde, sagte, dass die Occupy-Wall-Street-Bewegung »ein gleitender Signifikant ist, in dem jeder andere Dinge sah«.[14] Die Idee eines gleitenden bzw. schwebenden Signifikanten war einer der wichtigsten Grundsätze der poststrukturalistischen Theorie. Sie basiert auf der Sprachtheorie Ferdinand de Saussures, die von Claude Lévi-Strauss auf die generelle kulturelle Sphäre übertragen wurde. Nach Saussure ist der Signifikant losgelöst von jeglicher referenzieller Bestimmung von Objekten der empirischen Welt. Saussures strukturalistische Bedeutungstheorie, die auf Differenz und nicht auf Absicht beruht, hat die Felder der Anthropologie und Literaturwissenschaft maßgeblich beeinflusst. Saussures Begriff für die Kombination aus Signifikat (des Referenten) und Signifikanten (der sprachlichen Einheit der Bedeutung) ist »Zeichen«. Der Poststrukturalismus nahm diese sprachwissenschaftlichen Grundlagen und übertrug sie auf die Philosophie, Kultur und auf literarische Texte. Bedeutung konnte in diesem Sinne über der bezeichneten Welt »schweben«: Signifikanten wurden gleichzeitig nichtig und auch spielerisch, losgelöst von Signifikaten oder Referenzen. Wortspiele wurden zu einer Art des Denkens, während »Differenz« den Widerspruch ersetzte (in Hegels oder Marx' Definition) als die Klammer, die die beweglichen Strukturen des Interpretierens bestimmte und zusammenhielt.[15] 1994 versuchte Alan

Sokal die poststrukturalistische Annäherung an die Politik und Kultur zu durchkreuzen, indem er auf die Albernheit des Versuchs verwies, den poststrukturalistischen Ansatz in der Physik und bei naturwissenschaftlichen Versuchen »anzuwenden«, um die physische Realität zu beschreiben. Nichtdestotrotz nutzten 2012 Theoriestudenten gerne die Ergebnisse der Saussure'schen Sprachwissenschaft für eine der bedeutendsten und populärsten Protestbewegungen des neuen Jahrtausends. Sokals Projekt schaffte es nicht, dieser poststrukturalistischen Mafia ein Ende zu setzen, weil eine Generation theoretisch geschulter junger Menschen auf den öffentlichen Plätzen von New York City gegen ein Finanzsystem protestierte, das tatsächlich hervorragend mit der Idee eines gleitenden Signifikanten, radikalen Pluralismus und der Ablösung finanzieller Werte von empirischen Realitäten vereinbar war. Zeichen, deren Bedeutungen verloren gingen, boten Börsenmaklern, Finanzanalytikern und Occupiern gleichermaßen einen hochkultivierten Weg, sich über Werte, Betrug, Lügen und Gaunereien zu unterhalten.

In derselben Reihe von Interviews sprach der Aktivist Arun Gupta über Ernesto Laclaus und Chantal Mouffes Konzept der Äquivalenzketten, in dem die Beschwerden jeder Person den Beschwerden jeder anderen Person gleichwertig sind. Laclaus und Mouffes strapazierte Populismus-Theorie erhoffte sich zwar keine breite Zustimmung, erzeugte jedoch die Illusion, eine »neue« Form der Politik zu analysieren.[16] Die hochgebildeten Mitglieder der Occupy-Bewegung fetischisierten die Verfahrensverordnung und das Diskussionsmanagement, um einen Konsens bei allen kollektiven Entscheidungen zu erreichen. Tägliche Sitzungen oder Generalversammlungen wurden mittels eines Verfahrens geleitet, das sich *Progressive Stack*[17] nennt. Ihr fanatisches Engagement für Verfahrensfragen und eine Verwaltungsstrategie unterdrückten eine echte Diskussion über Prioritäten oder Politik und förderten letztlich nur die Integrität des *Progressive Stack* selbst.

Diesen *Stack* zu beschützen wurde wichtiger als die Formulierung politischer Forderungen, die vielleicht bei hundert Millionen von Amerikanern Anklang gefunden hätten, deren Leben direkt durch das Finanzkapital zerstört worden sind. Ideen der PMC/der Neuen Linken zu Massenbewegungen dominierten die politischen Träume der Occupier und limitierten so die Wirksamkeit ihres Aktivismus. Demografisch und politisch gesehen war die Occupy-Bewegung ein direktes Elitegebilde der PMC: *Changing the Subject* ist eine grundlegend mitleidsvolle Darstellung der Politik der Occupy-Bewegung, die demografischen Befunde über die Bewegung zeigen jedoch ein klares Bild des typischen Occupiers, der von Abstiegsangst getrieben ist, männlich, jung, weiß, mit Hochschulabschluss einer Elite-Universität und außerdem belastet durch Studienkredit- und Kreditkartenschulden. Die überstarke Gewerkschaftsvertretung bei Occupy spiegelt die Vorherrschaft von gewerkschaftlich organisierten Doktoranden wider. Im Jahr 2016 wurden die PMC-Eliten noch geldgieriger und verachteten die normalen Menschen noch mehr: Hillary Clinton als Obamas Nachfolgerin war die Verkörperung von PMC-Werten und der Machtelite der Demokratischen Partei. Unter Hillary Clinton würden sich die Demokraten nicht länger mit den Interessen der Arbeiterklasse abgeben müssen, die ihr Ehemann so geflissentlich ignoriert hatte, trotz seines »Musterknaben«-Images. Ihre Machtausübung sollte darin bestehen, den Kapitalismus zu beschützen und gleichzeitig sorgfältig ausgewählte, diverse und spendenfreundliche Kandidaten aufzustellen, die für die höchsten Ämter im ganzen Land kandidieren sollten. Die Geldgeber der Wall Street und des Silicon Valley wären beruhigt. Niemand zu ihrer Linken wagte es, Clinton herauszufordern, außer Bernie Sanders, einem Senator aus Vermont. Clinton war die Traumkandidatin der PMC-Elite, ein Zeichen dafür, dass diese Klasse die vormals widerspenstige Demokratische Partei, ehemals Vertreterin der Interessen der Arbeiterklasse, komplett übernommen hatte. Clinton war eine vermeintlich sichere Kandidatin, die höchstqualifizierte Präsidentschaftskandidatin aller Zeiten, eine Frau, die die Wall Street und die herrschende Klasse liebte, eine »Lean-In«-Pseudo-Feministin, die Mädchen dazu inspirieren wollte, *Girlbosses* zu werden. Clintons Niederlage war nicht nur ein tiefer Schlag für die zentristische Regierung; vielmehr war sie, kurz gesagt, eine wütende Zurückweisung der Heuchelei der PMC. Der Aufstieg des Rechtspopulismus zwang politische Kommentatoren dazu, die Wahl durch Klassenbildungen und schließlich geografische und kulturelle Unterschiede zu erklären, die Amerika spalteten und als solche betrachtet werden müssten.

Seit den 1990ern ist der grenzüberschreitende Antiprofessionalismus zum Opium des Avantgardekorps der PMC-Eliten geworden. Angela Nagles Buch *Kill All Normies: On Line Culture Wars from 4Chan and Tumblr to Trump and the Alt-Right* machte die Verehrer dieser kulturwissenschaftlichen Grenzüberschreitungen wütend. Wie Sokal ist Nagle eine Befürworterin der Alten Linken, aber anders als Sokal ist sie keine festangestellte Professorin in einem der MINT-

Fächer. Nagle wurde von ebensolchen Akademikern gecancelt, die die Art von Artikeln verfassen, die Sokal parodiert hat. Liberale Akademiker konnten es nicht aushalten, dass ihre Liebe zu subkulturellem Insiderwissen hinterfragt oder kritisiert wird, schon gar nicht von einer Lehrbeauftragten und Nachwuchswissenschaftlerin.[18] Gabriella Coleman, Inhaberin des *Wolfe Chair in Scientific and Technological Literacy* an der McGill University, arbeitete seit der Veröffentlichung von Nagles Buch, in welchem ihre Arbeit kritisiert wurde, unermüdlich daran, die irische Wissenschaftlerin mundtot zu machen und sie auf die schwarze Liste zu setzen. Nagle, die jahrelang als Lehrbeauftragte und Journalistin in der parawissenschaftlichen Welt gearbeitet hat, hat wenig Chancen, hat wenig institutionelle Macht und Ansehen, verglichen mit Coleman, der preisgekrönten Ethnografin von Anonymous. Nagle schlägt vor, Colemans Buch *Hacker, Hoaxer, Whistleblower, Spy* von 2014 als ein Beispiel für die übereifrige akademische Umarmung der Grenzüberschreitung und ihres antinormativen Geistes zu betrachten. Nagle bemerkte nebenbei, dass Coleman die Distanz zu ihren ethnografischen Studienobjekten verloren habe – etwa zum Internetprovokateur */weev/*, auch bekannt als Andrew Auernheimer, der 2012 wegen des Hackens von AT&T festgenommen und verurteilt wurde. Coleman liebt jene Grenzüberschreitungen, die von Sokal parodiert wurden, und ihr Buch ist von überschwänglichen Erzählungen ihrer Freundschaften mit Online-Mikroberühmtheiten durchzogen.[19] Als sich herausgestellt hatte, dass */weev/* ein antisemitischer Neonazi und Betreiber der rechtsextremistischen Seite *Daily Stormer* ist, schien Coleman davon unbeeindruckt zu sein. Gegensätzlich dazu argumentierte

Nagle, dass die Linken die normativen Kräfte des Klassenkampfes ergreifen sollten, nicht die subkulturellen Grenzüberschreitungen und Eskapaden von Menschen wie Auernheimer. Nagle glaubt an Massenzusammenschlüsse und -bewegungen der Arbeiterklasse, nicht an den subkulturelle Fetischpolitik, die ihrer Meinung nach jene Formen von Solidarität untergräbt, die für die langen Kämpfe der Zukunft unabdingbar sind. Parodien, ziviler Ungehorsam, fundierte Diskussionen, Widersprüche und Polemik sind jedoch nutzlos gegen Menschen, die die Welt bloß als eine Reihe an Möglichkeiten sehen, Grenzen zu überschreiten, und schwebende Signifikanten und Deleuze'sche Fluchtlinien zelebrieren.

Tatsächlich ist Sokals und Nagles Kritikobjekt – der akademische Fetisch für die Grenzüberschreitung von »Normen« – eine beliebte »fortschrittliche« Strategie der PMC-Eliten, um mediale Aufmerksamkeit zu erhalten. Mit der Hilfe privater Stiftungen, die unermüdlich daran arbeiten, ihre arbeitnehmerfeindliche, antiakademische Freiheitsagenda zu befördern, nutzen die akademischen Unternehmer von heute soziale Belange, um ihre eigenen Agenden zu fördern. Wissenschaftliche Recherche, zumindest in den Geistes- und Sozialwissenschaften, wird subtil von den Agenden der herrschenden Klasse geformt – manchmal sogar direkt von superreichen Einzelpersonen oder privaten Stiftungen, die wiederum selbst von superreichen Einzelpersonen und deren liberal gesinnten Angestellten in parawissenschaftlichen Positionen der Medienwelt unterstützt werden. Es ist noch nicht einmal klar, ob diese Experten und Opportunisten verstehen, welche Rolle sie bei der Untergrabung der akademischen Freiheit und der beruflichen Eigenständigkeit spielen. Nehmen Sie zum Beispiel die Rolle, die eine ehemals unbedeutende private Stiftung, das Pulitzer Center, gespielt hat, indem es das *1619 Project*[20] in den Mittelpunkt der nationalen Debatte über *race*, Sklaverei sowie das Lehren und *framen* amerikanischer Geschichte katapultiert hat. Das Pulitzer Center möchte angeblich »das Bewusstsein für globale Probleme wecken, über die weltweit zu wenig berichtet wird, indem es Qualitätsjournalismus transmedial direkt unterstützt und ein einzigartiges Lehrprogramm und Öffentlichkeitsarbeit fördert«. Die engagierteste Spender des Pulitzer Centers sind Emily Rauh Pulitzer und die Emily-Rauh-Pulitzer-Stiftung. Die Witwe des Zeitungsverlegers und Journalisten Joseph Pulitzer ist auch eine maßgebliche Unterstützerin der Künste. 2019 arbeitete das Pulitzer Center mit dem *New York Times Magazine* zusammen, um das *1619 Project* unter der Leitung der Journalistin Nikole Hannah-Jones auf die Beine zu stellen. Das Projekt wurde in Gang gesetzt, um zum 400. Jubiläum der Ankunft der ersten Sklaven in den amerikanischen Kolonien zu gedenken – für die Mitarbeiter dieses Projekts der wahre Geburtstag der Vereinigten Staaten von Amerika.

Als Teil des *New York Times Magazines* wurde das *1619 Project* im August 2019 zu einer bedeutenden Mediensensation: Die Ausgaben der *Sunday Times*, in denen von dem Projekt berichtet wurde, waren schnell vergriffen. Das Projekt schreibt die amerikanische Revolution neu als ein Aufbegehren von Sklavenhaltern gegenüber britischen Sklavereigegnern, und behauptet in der ersten Fassung, dass die USA als Land verstanden werden sollten, das nur gegründet wurde, um die Institution der Sklaverei zu verteidigen. Die historischen Beweise ignorierend, dass die britische Monarchie vor 1776 nie eine gegnerische Position in Bezug auf den atlantischen Sklavenhandel bezogen hat und dass die Kolonisten selbst in dieser Frage uneins waren, führt Hannah-Jones eine Gruppe von Autoren, Akademikern und Journalisten an, die die Arbeit von Historikern des kolonialen Amerika einfach ignorieren, nur um ihre These zu vertreten, nach der die amerikanische Nation hoffnungslos und außerordentlich rassistisch sei.

Ebenso wie die Herausgeber von *Social Text* und ihre Kollegen zwei Jahrzehnte zuvor keine Probleme damit hatten, die Grenzen der naturwissenschaftlichen und mathematischen Gemeinden zu überschreiten, weist das *1619 Project* die Grenzen der Geschichtsforschung zurück. Was jedoch das *1619 Project* betrifft, ist die *New York Times* kein kleines Wissenschaftsjournal: Die Angst davor, die gewaltigen Mächte, Geldgeber und Sponsoren, die das Projekt durch private Stiftungen förderten, zu verärgern, hat einen Schatten auf die Debatte darüber geworfen, was es eigentlich zutage gefördert hat. Die Autoren des Projekts weisen sämtliche Kritik zurück: Sie sind davon überzeugt, dass ihre Ergebnisse nicht von dem Recherchekonsens und archivierten Beweisen abhängen, die von einer Reihe akademischer Historiker zusammengetragen wurden. Ihre neue Schlagkraft und ihr massives Publikum nutzend, führte Nikole Hannah-Jones diejenigen an, die glauben, dass sämtliche akademischen Arbeiten, die zu Kolonialamerika existieren, schlicht von voreingenommenen weißen Männern verfasst worden waren und ihnen daher keine Beachtung geschenkt werden sollte. Ganze Leben voll vorsichtiger, empirischer Recherche konnten sich einfach nicht gegen die Millionen

Dollar an Stiftungsgeldern eines der größten Medienunternehmen der Welt behaupten.

Es ist offensichtlich, dass mächtige Finanz- und Medieninteressen hinter der Förderung des *1619 Project* und seinem kühnen Versuch standen, die Art und Weise zu verändern, wie wir die amerikanische Geschichte und die historische Forschung selbst betrachten. Das Projekt ist obendrein der kühne Versuch, den historischen Materialismus aus dem Lehrmaterial und den Schriften der amerikanischen Geschichte aus den Klassenzimmern zu eliminieren, während es damit gleichzeitig die Möglichkeit der Solidarität mit der amerikanischen Arbeiterklasse zerstört. Sozialistische Historiker zählten auf der *World Socialist Web Site* (WSWS.org) zu den entschiedensten und scharfsinnigsten Kritikern, ihre Arbeit wurde jedoch nicht von dicht miteinander verwobenen Netzwerken an Stiftungen und Medieneliten unterstützt und gefördert.[21] Das Projekt möchte eine subtile, aber deutliche Botschaft an seine Leser vermitteln: die Unmöglichkeit einer Solidarität innerhalb der Arbeiterklasse. Die *World Socialist Web Site* ist außerdem eine der wenigen Medienanstalten, die die Tatsache in die Öffentlichkeit gebracht haben, dass die *New York Times* und Hannah-Jones unter dem Druck von Historikern ihre ursprüngliche Behauptung aufgegeben haben, dass 1619 das »eigentliche Gründungsjahr« der Vereinigten Staaten wäre. Anstatt aber eine Rücknahme oder Korrektur ihrer Behauptung zu veröffentlichen, schwächten sie ihre These auf der Website des Projekts lieber leise ab, indem sie behaupteten, Ziel des Projekts wäre es, Sklaverei in den Blick zu nehmen und die Beiträge schwarzer Amerikaner in ein Verhältnis zu amerikanischer Identität und nationalem

Narrativ zu setzen.[22] Auf der Internetseite des *1619 Project* blieb keine Spur ihrer früheren übertriebenen Behauptungen, jedoch sicherten Forscher von *WSWS.org* eine Ausgabe der ursprünglichen These zur Gründung der Vereinigten Staaten.

Nur wenige halten inne und fragen, warum so einflussreiche und wohlhabende Spender und Organisationen in ein solches historisches Projekt investieren würden – vor allem eines, das so starke Gegenargumente von weithin anerkannten Historikern hervorrief. Mit seinem Fokus auf *race* und der Unvergleichbarkeit der Geschichte des amerikanischen Sklavenhandels ignoriert das *1619 Project* die historischen und wirtschaftlichen Bedingungen, die Sklaverei womöglich vergleichbar mit anderen Formen der Ausbeutung machen – die mittelalterliche europäische Leibeigenschaft und die russische Bauernleibeigenschaft sind zwei vormoderne Beispiele, die Lohnsklaverei des industriellen Kapitalismus ein anderes. Auf diese Weise begünstigte es den beliebten liberalen Schlachtruf unserer Zeit: dass Solidarität innerhalb der Arbeiterklasse zwischen verschiedenen Ethnien schlicht unmöglich ist – und man am besten gar nicht erst versuche, eine universelle Kritik des Kapitalismus zu etablieren. Die führenden Denker des *1619 Project* bestehen darauf, dass *race* und nicht Klasse die wesentliche soziale und wirtschaftliche Bruchlinie in Amerika erzeugt hat. Sie argumentieren damit, dass der Rassismus eine transhistorische Tatsache sei, die in die Nationalität der Amerikaner eingeschrieben sei.

Diese Sichtweise passt gut in die Geschichte des amerikanischen Pluralismus, der durch die Ideologie von Privatstiftungen der Nachkriegszeit beworben worden ist. Von einem pluralistischen Standpunkt aus sind Afroamerikaner als unverwechselbare und einflussreiche Interessensgruppe zu verstehen, die wegen ihrer besonderen Geschichte für sich selbst eintreten und Reparationszahlungen für das unvergleichbare Leid einfordern sollte, das sie unter der besonders brutalen Institution der amerikanischen Sklaverei hat ertragen müssen. In diesem Sinne gibt es keinen Grund, aus dem sie Arbeitergewerkschaften beitreten sollten, deren Mitglieder selbst nie auch nur ansatzweise ähnliche Erfahrungen gemacht haben wie sie selbst. Andere »Gruppen« – Hispanics, Latinos, Amerikaner asiatischer Abstammung und Native Americans sollten als Einzelne für ihre jeweiligen Interessen eintreten. Dazu müssen sie sich nur konkurrierende Varianten ihrer historischen Unvergleichbarkeit einfallen lassen und einflussreiche Sponsoren finden, die sie bei der Veröffentlichung ihrer Sache unterstützen.

In den frühen 1970er Jahren, als die Maßnahmen der Deindustrialisierung und der Austerität gerade als Instrumente des Klassenkampfes in den Vereinigten Staaten perfektioniert worden waren, interviewten Jonathan Cobbs und Richard Sennett den Hausmeister Ricca Kartides (ein Pseudonym) für *The Hidden Injuries of Class.* Die jungen Soziologen fanden heraus, dass sich Kartides, der als Hausmeister arbeitete, jeden Tag durch seinen Job und dessen niedrigen sozialen Status gedemütigt fühlte. Sein Einkommen selbst ermöglichte es ihm jedoch, ein eigenes Haus zu kaufen, damit seine Kinder nicht in dem Gebäude leben müssten, das er sauber hält. Kartides' Fähigkeit, ein Haus zu kaufen und seine Familie von seinem Lohn zu ernähren, ist heutzutage unvorstellbar.[23] Heute wäre der durchschnittliche Hausmeister, der pro Jahr 24000 Dollar verdient, einem durchschnittlichen CEO, der 14 000 000 Dollar pro Jahr verdient, angeblich oder formal gleichgestellt, aber diese Gleichheit scheint eher ein grausamer Scherz zu sein, den der Kapitalismus und die liberale Demokratie der Arbeiterklasse spielen.

Der radikale und materielle Unterschied zwischen dem durchschnittlichen Einkommen eines Hausmeisters und dem eines CEO sollte für jeden inakzeptabel sein, der kein Kapitalist ist, aber die PMC-Eliten haben die Werte der Leistungsgesellschaft schon so stark verinnerlicht, dass sie die radikale Natur dieses Einkommensunterschiedes nicht als bedeutend anders im Vergleich zu anderen Differenzen erkennen können. Die sich weltweit verschärfende soziale und wirtschaftliche Stratifizierung führt zu einer Reihe politischer Krisen und Schocks, die jene zentristischen Regierungen erschüttert haben, die die neoliberalen und austeritätsgetriebenen Maßnahmen der letzten 50 Jahre gefördert haben. Angesichts eines so destabilisierten Staatswesens und einer andauernden politischen und wirtschaftlichen Krise muss eine erneuerte Linke politische Kritik und ein kulturelles Programm hervorbringen, das auf den Bedürfnissen der Massenpolitik basiert. Wenn die Linke sich weigern sollte, bessere, historisch fundiertere Darstellungen der Vergangenheit hervorzubringen, solche, die zeitgenössische Klassen- und Kulturkonflikte im Kontext von historischen Kämpfen für universelle Prinzipien wie Gleichberechtigung, Würde und Emanzipation betrachten – die Liberalen werden es nicht für uns tun. Die Liberalen haben die Geschichte ganz hinter sich gelassen, weil sie der Meinung sind, sie wären sowohl den Eliten der Vergangenheit als auch der heutigen Arbeiterklasse überlegen. Mitglieder

der PMC halten sich selbst für tugendhafte Avantgardisten, die über den historischen Formen und Bedingungen schweben, die Grenzen überschreiten und neue Formen des Seins und der Anschauung erfinden. Es ist schwer, mit ihnen zu diskutieren, weil sie das Diskutieren nicht als bedeutende Form anerkennen, Wissen zu erlangen. Für sie ist jeder Konflikt moralisch, niemals intellektuell oder politisch. Sokal ist es nicht gelungen, die Ausbreitung amerikanisierter ahistorischer poststruktureller Forschungslinien in den Geisteswissenschaften zu verhindern. Nagle definierte den Begriff der Grenzüberschreitung[24] neu, wurde aber aus der Akademie verbannt. Ich mache mir keine Illusionen über die Kraft meiner Kritik an den dominanten Tendenzen der gegenwärtigen Hochschulen, aber ich werde trotzdem nicht aufhören, opportunistische Formen antihistorischer, antimaterialistischer und unprofessioneller Arbeit in meinem Feld zu kritisieren.

Die PMC hat Kinder

Vom Moment der Empfängnis an, der für PMC-Eltern immer eine »Wahl« ist, besitzen zukünftiges Kind und Säugling ein »Potenzial«, das optimiert und maximiert werden muss. PMC-Mütter müssen pränatales Yoga machen, während sie ihre schwangeren Bäuche mit Mozart beschallen. Für die heutigen Eliten ist die Vorbereitung auf ein Kind nur der Anfang einer quälenden und kostspieligen Beschäftigung.[1] Die Fortpflanzung löst bei der PMC sowohl Ängste als auch Aufregung aus, denn Kinder können nicht anders, als die sozialen Ängste vor Konkurrenz und Wettbewerb zu verstärken. Für Paula Fass ist Angst eines der charakteristischen Merkmale der zeitgenössischen Mittelklasse-Elternschaft, da sich Mittelklasse-Eltern »vorstellen, was einem erfolglosen Kind in der Zukunft bevorstehen könnte«.[2] Selbst mit einer Vollzeithilfe sind berufstätige PMC-Eltern gestresst, wenn es um die Erziehung von Kleinkindern und die richtige Stimulation geht, während sie doppelt verdienen, was es ihnen ermöglicht, die Konsumgewohnheiten der oberen Mittelschicht aufrechtzuerhalten.[3] Babys sind notorisch sinnliche Wesen, gleichermaßen abhängig wie hedonistisch. Ihre Hilflosigkeit und ihr Drang nach Vergnügen stellen eine existenzielle Bedrohung für den Puritanismus der amerikanischen Eliten dar. Es ist daher nicht verwunderlich, dass die Entwicklung von Kindern zu erfolgreichen Erwachsenen das Ethos der PMC-Elternschaft dominiert. Für sie sind die 40 Prozent der amerikanischen Kinder, die außerhalb der Ehe und der oberen Mittelschicht gezeugt werden, der kollektiven Aufmerksamkeit und des öffentlichen Interesses nicht würdig. Man muss kein Sozialist sein, um zu sehen, dass sich die Reproduktion von Klassenprivilegien auf dramatische und extreme Weise in der Kinderbetreuung, der Gesundheit sowie der Bildung der Kinder niederschlägt.

In ihrem Bestseller *Perfect Madness: Motherhood in an Age of Anxiety* prangert Judith Warner den qualvollen, wettbewerbsorientierten Perfektionismus der heutigen Mutterschaft der oberen Mittelschicht an.[4] Seit Warner ihr Buch 2006 veröffentlicht hat, hat sich die von ihr beschriebene Angst noch verstärkt. Megan Erickson argumentiert, dass diese Ängste und Befürchtungen nicht ungerechtfertigt sind, »angesichts der zunehmenden Schichtung selbst innerhalb des obersten einen Prozent der Einkommensbezieher des Landes, da die Finanzkrise 2008–2009 den Klassenkrieg, den die Oberen gegen die Unteren führen, nur noch verschärft hat«.[5] In den wohlhabenden Vierteln der USA sind Erziehungsmoden zur heißen Ware geworden. Perfektionistische PMC-Eltern sind kämpferische Pioniere der Klassenbildung: Sie zögern nicht, Kindermädchen, Babysitter, Lehrer, Großmütter und andere Eltern mit Belehrungen über die schrecklichen Auswirkungen von Impfstoffen, Bildschirmzeit, Kitzeln, Puppen mit Gesichtern, Videospielen, Süßigkeiten in Zigarettenform oder Zucker im Allgemeinen bloßzustellen. Mit Covid-19 kommen die Kinder der wohlhabendsten

US-Amerikaner, die in Privatschulen eingeschrieben sind, in den Genuss von Vollzeit-Privatlehrern und kleineren Klassengrößen über Zoom und/oder persönlich, wodurch das Risiko gemindert und die Stimulation und Bildung zugleich maximiert werden.

Um 1900 befasste sich die entstehende PMC mit dem Wohlergehen von Kindern unter dem Gesichtspunkt der öffentlichen Ordnung. Wie Judith Sealander feststellt, vefolgten die sozialen Reformbewegungen eine starke Vision von der Rolle des Staates bei der Beseitigung sozialer Missstände, insbesondere in Bezug auf die Kinderbetreuung und die Gesundheit von Müttern. Doch als das 20. Jahrhundert zu Ende ging, wurden die PMC-Eliten vollständig neoliberalisiert und schlossen sich der rechten Denunziation von »big government«[6] und seiner angeblich schwächenden »Almosen« an.[7] Bill Clintons »Personal Responsibility and Work Opportunity Act«[8] von 1996, auch bekannt als Wohlfahrtsreform, leitete einen unerbittlichen Krieg gegen die Jüngsten, die Ärmsten und die Schwächsten im Lande ein. Um Anspruch auf Sozialhilfe zu haben, musste die ärmste amerikanische Mutter einen Job finden und behalten, auch wenn sie sich mit ihrem mageren Gehalt keine Kinderbetreuung leisten konnte. Sparsamkeit und »persönliche Verantwortung« waren die Schlagwörter , unter denen eine Politik der Leistungskürzungen durchgedrückt wurde, um diejenigen zu quälen, die in einer Wohlstandsgesellschaft am wenigsten haben. In den Vereinigten Staaten gibt es immer genug für Steuersenkungen für die Reichen und nie genug Geld für Sozialprogramme für Kinder und ihre Betreuer. In Sachen Kinderfürsorge ist die PMC-Elite der Meinung, dass der soziale Überschuss oder

der Mehrwert, der durch die Gesamtheit der wirtschaftlichen Aktivitäten erzeugt wird, den Kindern der wenigen Reichen zugutekommen sollte, während die Mehrheit der Kinder der Arbeiterklasse und der armen Arbeiter und ihre Betreuer zu einem Leben voller Bestrafung, Überwachung und spärlicher Belohnung verurteilt sind.

In seinem Dauer-Bestseller *Baby and Child Care*, der erstmals 1945 erschien, als die Babyboomer ihre ersten Schritte machten, riet Benjamin Spock den besorgten Nachkriegseltern, im Umgang mit ihrem Nachwuchs auf sich selbst zu vertrauen.[9] Dr. Spock wurde zu einem der einflussreichsten Experten für Kindererziehung in den USA der Nachkriegszeit. Er popularisierte psychoanalytische Ideen über Lust und Projektion und spielte eine entscheidende Rolle bei der Herausbildung neuer PMC-Identitäten. Spock wandte sich gegen die traditionellen Vorstellungen strenger Kindheitsdisziplinierung und riet jungen, neuerdings wohlhabenden Arbeiter- und Angestellteneltern, bei der Erziehung ihrer Babys auf sich selbst zu vertrauen. Obwohl Spock die Eltern vor modischen Erziehungsratschlägen warnte, wurden seine eigenen Ratschläge in einem populären Buch verpackt, das nach der Bibel als der zweitgrößte Bestseller des 20. Jahrhunderts in Amerika gilt. Dr. Spock war auch ein unverblümter Aktivist der Neuen Linken, der den Vietnamkrieg ablehnte. Die Konservativen warfen ihm vor, die gegenkulturelle Revolte zu schüren und junge Menschen dazu zu ermutigen, zügellose Rebellen zu sein, da ihre Dr. Spock lesenden Eltern sie als Kleinkinder nicht diszipliniert hatten. Seine Ratschläge hatten allerdings einen paradoxen Ton, mit dem Konsumenten von Selbsthilfeliteratur vertraut sind. Dr. Spock erinnerte seine Leser unablässig daran, dass *sie* diejenigen waren, die Bescheid wussten. »Sie können Bücher und Artikel lesen, aber am meisten lernen Sie, indem Sie Ihr Kind auf eine sinnvolle Art und Weise beobachten. Das bedeutet, sich Zeit zu nehmen, mit Ihrem Baby Zeit zu verbringen, es zu beobachten und ihm zuzuhören, statt es nur zu füttern und sauberzumachen … und dann vertrauen Sie sich selbst. Denn Sie wissen mehr, als Sie glauben.«[10]

In den 1970er Jahren, als sich die angehenden PMC-Boomer mit »östlichen« Religionen beschäftigten, Selbsterkundung über Tradition stellten und auf emotionale und sexuelle Experimente aus waren, betrachteten sie die Arbeiterklasse als realitätsfremde, autoritätshörige Menschen, die auf Lebenszeit heirateten und in traditionellen Familien mit zwei Elternteilen lebten. Heute, nach jahrzehntelangen Sparmaßnahmen, stehen die Familien und Verwandtschaftsnetze der Arbeiterklasse vor einem Scherbenhaufen. Jefferson Cowie und Jennifer Silva haben gezeigt, dass Amerikaner aus der Arbeiterklasse heute ein instabileres Familienleben führen und häufiger geschieden und alleinerziehend sind als ihre Altersgenossen aus der PMC.[11] PMCler heiraten viel eher und bleiben auch eher verheiratet. Sie heiraten selten, eigentlich nie außerhalb ihrer Klasse. Die PMC-Familie ist zu einem regelrechten Bollwerk geworden, von dem aus das Klassenprivileg reproduziert wird, aber angesichts der knauserigen Elternzeitpolitik, der steigenden Gesundheitskosten, der gedrückten Löhne und der explodierenden Kosten für die höhere Bildung fühlt sich die PMC-Familie bedrängt und von der Möglichkeit bedroht, nicht die »erfolgreichsten« Kinder aufzuziehen. In der Zeit von Covid-19 sind diese Ängste nicht verschwunden. Sie haben sich sogar noch verschlimmert.

Im Jahr 2014 gaben Amy Chua und Jed Rubenfeld von der Yale Law School Marx recht, als sie das Buch *The Triple Package: How Three Unlikely Traits Explain the Rise and Fall of Cultural Groups in America* veröffentlichten, ein Buch, das ausschließlich von den »materiellen Lebensbedingungen« seiner Autoren bestimmt wurde.[12] Nach dem durchschlagenden Erfolg von *Battle Hymn of the Tiger Mother* aus dem Jahr 2011, einem Bestseller über Chuas Versuche, die Kindheit und die Aktivitäten ihrer Töchter zu optimieren, hoffte Tina Bennett, Chuas Literaturagentin, zweifellos auf einen Folgeband, der genauso gut gehen würde wie das erste Buch.[13] Chuas Bestseller war eine irritierende, aber höchst unterhaltsame Lektüre. Als das *Wall Street Journal* einen Teil von *Battle Hymn* unter dem Titel »Why Chinese Mothers Are Superior«[14] auszugsweise veröffentlichte, wurde die Marke *Tiger Mother* zum Kassenschlager.[15] Trotz ihrer wiederholten Beteuerungen, dass ihr Buch und sein Titel gleichermaßen selbstironisch wie selbstreflexiv seien, nahmen die Leser Chuas Memoiren als Elternratgeber auf.

Chua und Rubenfeld argumentierten in perfekter ehelicher Übereinstimmung, dass erfolgreiche »kulturelle Gruppen« über ein Dreierpaket verfügen: (1) einen Überlegenheitskomplex, (2) einen Minderwertigkeitskomplex und – aufgepasst – (3) eine bessere Impulskontrolle. Diese letzte Eigenschaft, die angeblich (und fälschlicherweise) denjenigen fehlt, die Afroamerikaner, Mexikaner oder einfach nur arm sind, erklärt, warum Gruppen, die die Befriedigung nicht aufschieben, keinen »Erfolg« haben. Chua und Rubenfeld bieten neu verpackte, sozialdarwinistisch gefärbte Kultur-der-Armut-Argumente an, die alle paar Jahre wieder hervorgekramt werden, um die tief verwurzelte Verelendung großer Teile der amerikanischen Bevölkerung zu rechtfertigen. Wer ist nach Ansicht der beiden Yale-Juraprofessoren, von denen einer jetzt in Ungnade gefallen ist, in den USA erfolgreich? Eine schmale Gruppe wohlhabender Meritokraten natürlich. In den Vereinigten Staaten von Chua und Rubenfeld gibt es kein Gemeinwesen, keine Klasse, keine Gesellschaft, kein kollektives Streben, keine soziale Verantwortung: Es gibt nur »kulturelle Gruppen«, die in den Feldern von Prestige und Wirtschaft um Vorteile wetteifern. Ihre Vorstellung von einer besseren Welt? Die Abschaffung der gesamten Idee einer »Gruppe«. Amerika wird ein besserer Ort sein, wenn es nur noch erfolgreiche und erfolglose Individuen gibt, die alle auf einem vermeintlich fairen Spielfeld konkurrieren.

Trotz Rubenfelds offensichtlichem beruflichem »Erfolg« hat er bewiesen, dass es ihm bedauernswerterweise an Impulskontrolle mangelt. Im August 2020 wurde Rubenfeld stillschweigend von der Yale Law School wegen sexuellen Fehlverhaltens, einschließlich übergriffigen und belästigenden Verhaltens gegenüber Studentinnen, suspendiert.[16] Kürzlich haben Studenten der Yale Law School seine dauerhafte Entfernung gefordert. Eine Gruppe von Studenten hat beim Präsidenten von Yale, Peter Salovey, eine Petition eingereicht, um Rubenfeld dauerhaft aus dem Lehrkörper zu entfernen.[17]

Während die Kluft zwischen Arm und Reich größer geworden ist und die soziale Mobilität jeder wie auch immer ethnisch definierten Gruppe abgenommen hat, ist das PMC-Elternhaus zu einem regelrechten Labor geworden, in dem immer aufwendigere und teurere Kinderbetreuungsgerätschaften und anspruchsvolle Erziehungsmethoden zum Einsatz kommen, zu denen inzwischen auch schlichtweg Bestechungsgelder und ausgeklügelte Betrugsstrategien gehören, die ihren Kindern um jeden Preis zum Erfolg verhelfen sollen. Der Fall Varsity Blues, der aufdeckte, dass reiche und superreiche Eltern dem College-Berater Rick Singer Hunderttausende von Dollar zahlten, um ihre Kinder durch die »Hintertür« der sportlichen Zulassung zum College zu bringen, ist nur das logische Ergebnis der Entschlossenheit der herrschenden Klasse, den »Erfolg« ihrer Kinder zu garantieren.[18]

Der Klassenkampf von oben hat schreckliche Folgen für alle amerikanischen Kinder und ihre Betreuer, aber der Tribut, den er von den ärmsten Familien fordert, ist erschütternd. Kürzlich stellte das Urban Institute fest, dass Kinder das ärmste Segment der amerikanischen Gesellschaft sind: 22 Prozent der amerikanischen Kinder leben in Armut, und 38,8 Prozent der amerikanischen Kinder haben in ihrem Leben irgendeine Form von Armut erlebt. Die Zahlen für afroamerikanische Kinder sind sogar noch düsterer: 38,8 Prozent der afroamerikanischen Kinder leben in Armut und 75,4 Prozent von ihnen haben schon mal in Armut gelebt.[19]

Während PMC-Elternbücher die außergewöhnlichen Maßnahmen anpreisen, die Elite-Eltern ergreifen, um den »Erfolg« ihrer Kinder zu garantieren, lobte D. W. Winnicott ganz herkömmlich hingebungsvolle Mütter dafür, dass sie mit ihren Säuglingen eine Beziehung aufbauen, die einer erstaunlichen Mehrheit von Menschen die geistige Gesundheit gibt, um Spiel, Kreativität und Erfahrungsreichtum genießen zu können. Winnicott hatte eine umfassende, geschlechtsneutrale Vorstellung der Bezugsperson; der Kürze halber verwende ich jedoch seinen Begriff der »ausreichend guten Mutter«, wenn ich seine Ideen erörtere.[20] Während sie lernt, sich um einen Säugling zu kümmern, liebt die »ausreichend gute Mutter« ihr Baby, geht aber nur unvollkommen auf seine Bedürfnisse ein; reagiert nur unvollkommen auf seine Bedürfnisse; eine ausreichend gute, aber nicht perfekte Bezugsperson beginnt, sich an die wachsende körperliche und emotionale Fähigkeit ihres Babys, Frustrationen ertragen zu können, anzupassen, indem sie manchmal nicht sofort auf die Forderungen des Babys reagiert. Diese notwendigen Misserfolge spiegeln die Vertiefung der Mutter in andere Aufgaben wider und stellen für das Baby Gelegenheiten dar, eine gesunde Frustrationstoleranz sowie eine beginnende Erkenntnis von sich selbst und anderen zu entwickeln.

In seiner Einleitung zu *The Child, the Family and the Outside World*, veröffentlicht im Jahr 1964, schreibt Winnicott:

> Ich versuche, die Aufmerksamkeit auf den immensen Beitrag für den Einzelnen und die Gesellschaft zu lenken, den die hinreichend gute Mutter mit ihrem Ehemann an der Seite zu Beginn leistet und den sie einfach dadurch leistet, dass sie sich ihrem Kind widmet. Ist dieser Beitrag der hingebungsvollen Mutter nicht gerade deshalb unerkannt, weil er immens ist? Wenn dieser Beitrag anerkannt wird, folgt daraus, dass jeder, der gesund ist, jeder, der sich als Person in der Welt fühlt und für den die Welt etwas bedeutet, jeder glückliche Mensch, in unendlicher Schuld gegenüber einer

> Frau steht. Das Ergebnis einer solchen Anerkennung der mütterlichen Rolle wird nicht Dankbarkeit oder gar Lob sein. Das Ergebnis wird eine Verringerung der Angst in uns selbst sein. Wenn unsere Gesellschaft die volle Anerkennung dieser Abhängigkeit, die eine historische Tatsache im Anfangsstadium der Entwicklung eines jeden Individuums ist, hinauszögert, muss eine Blockade der Leichtigkeit und der vollständigen Gesundheit bestehen bleiben, eine Blockade, die von einer Angst herrührt.[21]

Aus dieser Passage geht klar hervor, dass Winnicott die Pflege von Säuglingen als ein soziales und öffentliches Gut ansieht, zu dem jede Bezugsperson in den frühesten Tagen eines Säuglings beiträgt. Die Bezugspersonen dürfen mit ihrer Liebe und ihrem Verzicht auf Schlaf und Libido für das von ihnen abhängige Kind nicht geizig sein: Ihre Großzügigkeit gibt dem Kind ein unveräußerliches Vermächtnis an Sicherheit und Furchtlosigkeit, wenn es sich den Herausforderungen des Aufwachsens in einer ungewissen Welt stellt. Die gestresste und beraubte Bezugsperson, die die Rückzahlung fordert oder die Schulden des Kindes berechnet, ist eine, die Furcht und Angst einflößt, ein Zustand, den unsere heutige Welt, die von finanzieller Sparsamkeit und ökonomischem Sadismus geprägt ist, nur zu gut kennt.

Obwohl es heute schwer vorstellbar ist, dass es eine Zeit gab, in der der Reichtum der Kindheitserfahrungen als öffentliches Gut angesehen wurde, ist es dennoch erst 60 Jahre her, dass Winnicott seine psychoanalytischen Theorien auf der Idee der kollektiven und gegenseitigen Verantwortung für Schutzbedürftige und die sie Betreuenden aufbaute.

Winnicotts Optimismus von 1964 über die Überwindung von Ängsten sollte für uns heute gleichermaßen inspirierend wie besorgniserregend sein, wo die Angst vor dem Absturz und die Angst vor dem Versagen allgemeine Zustände zu sein scheinen. Im Großbritannien der Nachkriegszeit begrüßte Winnicott die Umverteilung des sozialen Überschusses, die es einer möglichst großen Zahl von Briten ermöglichen sollte, den Reichtum und die Gesundheit seiner eigenen privilegierten Kindheit zu erleben. Er gibt offen zu, dass seine glückliche Kindheit es ihm ermöglichte, seine Fähigkeit zur Beobachtung, zum Einfühlungsvermögen und zum Spiel zu erweitern. Diese Qualitäten und Fähigkeiten sind Teil des menschlichen Vermächtnis, das jedes Baby auf diesem Planeten verdient. Winnicott vertrat stets die Ansicht, dass die Unterstützung der Bezugsperson eines Babys eine soziale und kollektive Verantwortung ist. Die unspektakuläre infrastrukturelle Unterstützung für eine ausreichend gute Elternschaft ist der ausreichend gute Staat, ein sozialdemokratisches System der umverteilenden Unterstützung für jene Menschen, die sich um die bedürftigsten und hilflosesten Menschen kümmern. Wenn die ausreichend gute Mutter als kulturelles und kollektives Erbe und soziales Gut geschätzt wird, können wir beginnen, eine Gesellschaft aufzubauen, in der Abhängigkeit nicht gefürchtet oder dämonisiert wird. Wir können damit beginnen, eine Welt zu schaffen, in der glückliche Eltern und eine stabile Kindheit ein kollektives Gut sind und kein Kind jemals auf Erfolg getrimmt werden muss.

Die PMC liest ein Buch

Am 16. Januar 2017 veröffentlichte die *New York Times* Michiko Kakutanis Porträt von Barack Obama, um ihre Leserschaft auf den Schock der Amtseinführung Trumps vorzubereiten. Obama, der Chefleser, war die geheiligte Apotheose der PMC-Elite. Er genoss keinen geerbten Wohlstand; er war ein Mann des Volkes, von der Leistungsgesellschaft entdeckt und gefördert. Er war der wahr gewordene Traum der Liberalen. An ihn zu glauben, hieß, auch daran glauben zu können, dass soziale Mobilität die »Lösung« für Rassismus und Ungleichheit bieten kann. Als Obamas rechtmäßige Erbin Hillary Clinton 2016 die Präsidentschaftswahlen gegen Trump verlor, brauchten die Leser der *Times* Trost. Die *Times* lieferte ab. »Seit Lincoln hat es keinen Präsidenten gegeben, der in Bezug auf sein Leben, seine Überzeugungen und seine Weltanschauung so grundlegend durch das Lesen und Schreiben geprägt wurde wie Barack Obama.« Obama selbst sagte dazu, das Lesen gestatte es ihm, »mal langsam zu machen« und sich »in die Lage eines anderen zu versetzen«.[1] Obama benutzte die Worte von Atticus Finch, dem Helden von *To Kill A Mockingbird*.[2] In Harper Lees preisgekröntem Roman über einen Lynchmord in Maycomb, Alabama, der zur Zeit der Großen Depression spielt, erteilt Atticus seiner Tochter Jean

Louise, genannt Scout, und den Lesern eine kritische Lektion über Literatur und Empathie: »Er hatte einmal gesagt, man kenne einen Menschen erst dann, wenn man in seine Haut steige und eine Weile darin herumgehe.«[3] Für Obama, wie auch für die meisten liberalen Leser, findet dieser metaphorische Gang durch den Akt des Lesens statt. Am Ende von Obamas Präsidentschaft wurden wir mit Studien darüber bombardiert, wie das Lesen unsere Fähigkeit steigert, die Erfahrungen anderer zu verstehen. Atticus und Obama zeigten uns, dass individuelle empathische Handlungen wie private Selbstkultivierung in einer Welt, die bereits durch Rassismus und Gewalt entzweit ist, Gerechtigkeit und Verständnis hervorbringen würden. Für die Liberalen war dieses Narrativ beruhigend: Atticus war nicht nur vornehm und antirassistisch, sondern das tugendhafteste Mitglied seiner Gemeinschaft und ein Mitglied der PMC. Als Landjurist wurde Atticus außerdem zum ethischen Mittelpunkt einer barbarischen und rassistischen Welt.

Im Jahr 2010, dem fünfzigsten Jubiläum der Veröffentlichung des Romans, feierte der Rundfunksender *NPR* Harper Lees fiktives Werk mit einem blumigen Artikel, der das Buch anpries: Einer der Interviewten achtete drauf, zu betonen, dass Oprah Winfrey *To Kill a Mockingbird* für »unseren Nationalroman« hält.[4] In den 1970er Jahren galt *To Kill a Mockingbird* als peinliche Kuriosität der Propaganda des Kalten Krieges, aber in dem von der Obama-Regierung eingesetzten *Common-Core*-Lehrplan für die »Sprachlichen Fertigkeiten« der neunten Klasse besetzte *To Kill a Mockingbird* einmal mehr den Ehrenplatz im Kanon und in der Tradition amerikanischer Nachkriegsliteratur. Die Obama-Regierung wollte die Ära des Hochliberalismus der frühen 1960er wiederbeleben, jedoch nur dem Stil nach. Obwohl Obama vor allem während seiner ersten Amtszeit die Möglichkeit hatte, neue Bundesförderungsmittel in das öffentliche Bildungswesen zu investieren, zögerte seine Regierung, die Mobilisierung von 1959 zu wiederholen, als die Amerikaner durch den Startvon Sputnik gezwungen waren, die Investitionen der Sowjetunion in sowohl naturwissenschaftliche als auch geisteswissenschaftliche Forschung nachzuahmen. Obamas Common-Core-Lehrplan war angeblich eine intelligentere Version der US-Bundesnormen, eingeführt von einem gebildeten Präsidenten, um verdummende, an Standardtests orientierte Bundesbildungsreform zu reformieren, die von seinem Vorgänger George W. Bush unter dem Motto »No Child left behind« (Kein Kind bleibt zurück) eingeführt worden war. Obamas Bildungsreform bewirkte jedoch keine massive Neuinvestition an öffentlichen Schulen und Universitäten.

Wie sowohl Diane Ravitch als auch Megan Kilpatrick dargelegt haben, sind Bildungsreformen als Euphemismus für den andauernden Kampf gegen Gewerkschafter und die unteren Ränge der angestellten Fachkräfte zu verstehen.[5] Indem sie die öffentliche Panik über den Zustand der amerikanischen Schulen schürten, machten sich Bildungsreformer, unterstützt durch gewinnorientierte Unternehmen und gemeinnützige Privatstiftungen, daran, neue Beurteilungssysteme zu schaffen, um Lehrer mit Verdienstlöhnen und Sparbudgets zu belohnen oder zu bestrafen. In den letzten vier Jahrzehnten haben Politiker in ihrer arbeitnehmerfeindlichen Rhetorik den Satz »Die Schulen lassen unsere Kinder im Stich« als hochneoliberale Strategie hervorgekramt und die gewerkschaftlich organisierten

Lehrer an öffentlichen Schulen angegriffen, indem sie ihre Arbeitsplatzsicherheit und ihre kreative und intellektuelle Autonomie in ihren Klassenzimmern untergraben haben. Eine Verbesserung der Bildungsergebnisse für Schüler steht in direktem Zusammenhang mit der Vergütung von Lehrkräften, kleineren Klassengrößen und angemessener Finanzierung, aber unter den Bush-, Clinton-, G.-W.-Bush- und Obama-Regierungen war die Bildungsreform darauf ausgerichtet, Lehrer für schwache Schülerleistungen zu bestrafen. Es ist kein Zufall, dass Gewerkschaftsstreiks der Lehrer von Chicago bis West Virginia die ersten Anzeichen dafür waren, dass die Arbeiter diese Austeritätspolitik nicht länger erdulden würden. In den letzten Jahren brachten Lehrerstreiks und deren organisiertes Eintreten für ihre Gemeinden und ihre Schüler kleine Hoffnungsschimmer für gewerkschaftliche Aktionen in Zeiten des ideologischen Chaos.[6] Vergessen wir nicht, dass Bill Clinton in den 1980er Jahren landesweit für Aufsehen sorgte, als er sich mutig der Gewerkschaft der Lehrer »entgegenstellte«, was zum Standardrepertoire zentristischer Regierungen wurde, um sich bei den Konservativen beliebt zu machen. Als Gouverneur von Arkansas hörte Clinton auf die Think-Tank-Eliten und schlug vor, Bildungsstandards anzuheben, ohne aber das Schulbudget zu erhöhen. Um das Bildungsniveau von Arkansas anzuheben, das sich auf Platz 48 der 50 Staaten befindet, setzte Clinton einen standardisierten Test für Lehrer durch. Im Gegenzug zur Verabschiedung des Tests als Gesetz verabschiedete Clinton eine leichte Steuererhöhung.[7] Die *Heritage Foundation* stellte fest, dass die Klagen der Bürger von Arkansas zur Beibehaltung des Finanzierungsniveaus von 5 400 Dollar pro Schüler ein Zeichen von öffentlicher Verschwendung sei, die eingegrenzt werden müsste.[8] Bill Clinton stimmte dem zu. Eine moralische Panik in Bezug auf den Zustand des Bildungswesens zu schüren diente gleichermaßen den Zwecken der Liberalen wie der Konservativen. Bill Clinton brachte es dank seines einzigartigen Stils fertig, die institutionalisierte Identitätspolitik nach 1968 mit einem Eifer für Austerität und Budgetkürzungen zu kombinieren, was seine reichsten Sponsoren der Demokratischen Partei genauso glücklich machte wie ihre republikanischen Kontrahenten.

2011 forderte die *Harvard Business Review* eine staatliche Lehrplanreform, die Kreativität, Komplexität, Neugierde und Zusammenarbeit fördern würde.[9] Kurz darauf stellte Präsident Obama David Coleman ein, einen Literaturabsolventen der Yale University und »Experten« mit einem »Interesse« an unterversorgten Bevölkerungsgruppen, um die Wiederbelebung der Anforderungen für die »sprachlichen Fertigkeiten« im Rahmen des Common Core[10] zu beaufsichtigen. Obama und Coleman interessierten sich dafür, »die Standards anzuheben« wie alle Bildungsreformer. Wie sie das machen wollten? Durch das Programm *Race to the Top* (RTT), welches neben dem üblichen Prüfen der Schüler auch begleitende finanzielle Belohnungen und Bestrafungen der Schulen und Lehrer beinhaltete. Unabhängig von der Wirksamkeit des Common Core und RTT in Bezug auf die Anhebung des Bildungsniveaus ließ die Obama-Regierung 19,3 Prozent der amerikanischen Kinder unter fünf Jahren in extremer Armut zurück.[11] Coleman verließ seine Regierungsposition, um ein Großmeister der Leistungsgesellschaft zu werden – oder eben der CEO des College Board, der hochprofitablen »Non-profit«-Organisation, die die SATs, GREs und MCATs und alle Multiple-Choice-Examen überwacht, die wiederum den zukünftigen akademischen Erfolg der Getesteten voraussagen sollen, indem sie diese in gewöhnliche und außergewöhnliche Studenten aufteilen. Coleman brachte, wie jeder von Obama ernannte Angestellte, einen brillanten Stammbaum mit in die Regierung. Wie jeder Literatur- und Englischstudent der Yale University – einschließlich der Autorin dieses Buches und ehemalige und zukünftige Agenten der National Security Agency (NSA) / Central Intelligence Agency (CIA) wie etwa der Super-Spion James Jesus Angleton – wurde Coleman mit der Idee des Close Reading als höchster Form intellektueller menschlicher Fähigkeiten indoktriniert.[12] Die Literaturfakultäten in Yale produzierten und förderten den auf dem Kalten Krieg basierenden Fetisch des New Criticism, komplexe Texte zu entwirren: Seine grundlegende Methodik basierte auf der Verleugnung des Kontextes, sei es der soziale, der historische oder der politische. Nur mithilfe der kurzsichtigen Betrachtung eines guten Close Reading würde ein verhärteter, muschelartiger Text seine schillernde Perle von prächtiger Bedeutung preisgeben. Yale und die Vertreter des New Criticism hassten Vulgarität und Vereinfachungen egal welcher Form. Unter Coleman wurde der Common Core durch die Anforderungen des Close Reading neugeformt. Als der Common Core dann einen nationalen Test für »sprachliche Fertigkeiten« einrichtete, den beachtlichen DBQ – die Abkürzung steht für »document-based questions« -, beinhaltete dieser sämtliche Merkmale des von Yale umgesetzten Close Reading. Das einzige Problem des DBQ war, dass es überhaupt keine

Fragen waren. Im Fall von *To Kill a Mockingbird* sollten die Schüler eine sorgfältig vorbereitete These anhand von Dokumenten belegen. (Meinem Sohn wurde gesagt, er solle zeigen, wie der Roman für die Wichtigkeit argumentiert, »Stellung zu beziehen«.)

Die Antwort wäre also, dass Atticus Finch die einzige Person in Maycomb zu sein scheint, die sich gegenüber Rassisten und tollwütigen Hunden behaupten kann: Er ist der Überbringer einer zivilisierten Gewalt, die die Gemeinschaft der Rechtschaffenden beschützen und besiegeln soll. Lees Roman ist voller Hass auf die wütenden, trotzigen und vergnügungssüchtigen armen Weißen, verkörpert durch die furchtbaren Ewells. Burris Ewell, der jüngste Sohn dieser verfluchten Familie, kommt mit Läusen bedeckt in die Schule. Auch Burris' Schwester Mayella hat ernsthafte Probleme mit der Körperpflege, zudem lügt sie und ist sexuell bedürftig; der Vater dieses verfluchten Clans, Bob Ewell, kann seine Impulse nicht kontrollieren und strebt nach Sex, Rache und Gewalt. Es überrascht nicht, dass die Ewells von Sozialhilfe leben. Bob missbraucht seine Tochter und hängt es dem Afroamerikaner Tom Robinson an. Mayella leistet vor Gericht einen Meineid und beschuldigt Robinson, den sie einmal begehrte, der Gewalt, die ihr von ihrem Vater angetan worden war. Atticus verteidigt Robinson erfolgreich vor Gericht, er wird jedoch trotz aller entlastenden Beweise verurteilt. Nach seiner Verurteilung wird er von einem Mob gelyncht, während er versucht, aus dem Gefängnis auszubrechen. Am Ende des Romans ist Bob Ewell immer noch wütend darüber, dass Finch den Unschuldigen vor Gericht verteidigt hat, weswegen er versucht, seine beiden Kinder zu töten. Während dieses Versuchs des Doppelmords wird er praktischerweise von Boo Radley umgebracht, dem Einsiedler der Stadt.

In der Eröffnungsszene des Romans bezahlen die Cunninghams, arme, vornehme Farmer und Gegenspieler der ekligen Ewells, Atticus' Anwaltskosten mit Hickorynüssen. Als Scout ihren Vater fragt, ob die Finchs arm seien, erklärt ihr Atticus, dass die Finchs zwar arm seien, jedoch nicht so arm wie die Cunninghams. Atticus erklärt Scout, dass die »stolzen« Cunninghams keine Sozialhilfe annehmen, obwohl ihre Farm bis zum Äußersten verschuldet ist. Die Cunninghams sind tugendhafte arme Menschen. Die Ewells sind schlechte arme Menschen: Sie akzeptieren Sozialhilfe. Angesichts der Tatsache, dass mehr als die Hälfte der amerikanischen Kinder in ihrem kurzen Leben schon einmal Sozialhilfe erhalten haben, erscheint es sadistisch, sie einen Roman über einen edlen, tugendhaften Anwalt und die bösen, von Sozialhilfe abhängigen Menschen lesen zu lassen, die versuchen, dessen Familie zu töten. Falls arme Neuntklässler in ihrem Englischunterricht aufpassen, müssen sie sich durch die Bereitschaft ihrer Familien, das anzunehmen, was die würdigen Armen in Harper Lees Roman ablehnen, gedemütigt fühlen.[13]

Es ist klar, dass die ideologische Botschaft von *To Kill a Mockingbird* die Grundlage für Bill Clintons Sozialreform von 1996 bildete. So wie Clinton als Gouverneur von Arkansas gegen die Lehrer vorgegangen war, ging er als Präsident gegen die Sozialhilfe und deren Empfänger vor. Durch die Schaffung strengerer Bestrafungen innerhalb des sozialen Unterstützungssystems förderte Clinton wie Harper Lee die Idee, dass Sozialhilfe Abhängigkeit und Korruption bei den Armen schaffe. Wie Lee vertrat er die

Idee einer verdienten und einer unverdienten Armut. Als Bill Clinton die Sozialhilfe in *Temporary Assistance for Needy Families* verwandelte, machten seine Entscheidungsträger arme Kinder zu »guten« Armen und ihre Eltern zu faulen Herumtreibern, die Strafe und Strenge verdienen.[14] Neoliberale Richtlinien argumentieren, dass soziale Auffangnetze keine Menschen vor dem Fallen retten, sondern sie vielmehr daran hindern aufzusteigen. Für Lees Unterstützung dieser Ansichten durch ihren Roman über die Armen erhielt sie den Pulitzer-Preis, die National *Medal of Freedom* (von Präsident George W. Bush) und eine *National Medal of Arts* (von Präsident Barack Obama).

Das Buch sah den Triumph der Post-68er-PMC voraus: Die moralische Rechtschaffenheit des tugendhaften Anwalts und seiner temperamentvollen Tochter macht die Lösung des Rassismus attraktiv für den Betrieb – an den individuellen Fähigkeiten arbeiten und sich in die Lage anderer Menschen versetzen; Bücher lesen; rechtschaffene Gefühle haben. *To Kill a Mockingbird* war ein außergewöhnlich effektives Werk der antikommunistischen Propaganda des Kalten Krieges: Auf der Grundlage der liberalen Fantasie, dass es beim Antirassismus um gute Weiße geht, die hilflose Schwarze gegen böse (arme) Weiße verteidigen, schuf es ein Bild des amerikanischen Liberalismus, das ein mächtiges Instrument wurde, um Herzen und Geister im eigenen Land und auf der ganzen Welt zu gewinnen.

Im Juli 2015 veröffentlichte Harper Collins *Go Set a Watchman* als Folgeroman[15] von *To Kill a Mockingbird.* Die Rezensenten waren enttäuscht von *Watchman*, nicht nur bezüglich seiner literarischen Qualität, sondern auch, weil in dieser Version Atticus ein Mitglied des Ku-Klux-Klan war. Im Roman beichtet er dies der mittlerweile erwachsenen Scout, die nun in New York City lebt und Urlaub in ihrer Heimat Alabama macht. Auch wenn die *New York Times* und Kakutani sich Sorgen wegen der bitteren Enttäuschung von Lees Fans machten, sobald diese herausfinden würden, dass Atticus Finch ein Rassist war, ist der zweite Roman der Beweis dafür, dass Lee eine ambivalente Propagandistin war.[16] Historische Berichte und Archivmaterial beweisen seit Langem, dass die Klans und Lynchmobs aus gebildeten, wohlhabenden Weißen bestanden, die in ihren Gemeinden eine herausragende Stellung einnahmen. Viele von ihnen waren, wie Atticus, ausgebildete Fachleute.[17]

Sollte Lee versucht haben, das falsche, elitäre Bild von Rassismus durch diese Veröffentlichung zu korrigieren, das *To Kill a Mockingbird* gefördert hat, nimmt Kakutani diesen Versuch der Autorin, ihre persönliche Geschichte zu korrigieren, nicht wahr. Tatsächlich ist Kakutanis Porträt des Lesers und nachdenklichen Mannes Obama von 2017 reine Ideologie. Obamas angelesene Empathie hatte deutliche Grenzen. Er hat mehr Einwanderer ohne Papiere abgeschoben als jeder andere Präsident vor ihm. Die Rettungsaktion für die Banken nach 2008 rettete zwar die Banker, zwang jedoch Millionen von Amerikanern, ihre Häuser zu verlassen, da sie mit wucherhaften Hypotheken in Verzug gerieten. Obama regierte – unter der Führung der PMC-Eliten – für die Interessen der Wall Street anstatt für die Arbeiterklasse und diejenigen, die Opfer von Bankenkriminalität und Amtsmissbräuchen wurden. Ist es möglich, dass Obama mehr Empathie für Jamie Dimon, den CEO von JPMorgan, zeigte, als für normale afroamerikanische

Familien, die aufgrund der Finanzkrise ihr Zuhause und ihre Existenzgrundlage verloren hatten?

In einem Land, das sich einbildete, in einzigartiger Weise dazu in der Lage zu sein, alle Ungleichheiten auszugleichen und so Chancengleichheit für eine beeindruckende Anzahl von Menschen aller Geschlechter, *races*, Sexualitäten, Geschlechtsidentitäten und so weiter zu schaffen; in so einem Land werden amerikanische Institutionen immer geschickter darin, Belohnungen für Intelligenz und harte Arbeit nur an die wenigen zu verteilen – zum Teufel mit dem Leid und dem Ausschluss der vielen. In der Tat genießen die PMC-Eliten seit den 1970er Jahren ein erstaunliches Maß an wirtschaftlicher und psychischer Stabilität, worauf Arbeiter ohne Hochschulbildung nur einen schwachen Anspruch erheben können. Mehr noch: Wie Ann Case und Angus Deaton zeigen, hat der dramatische Rückgang der Lebenserwartung und des Wohlbefindens unter nicht-hispanischen Weißen ohne Schulabschluss und mittleren Alters sowie aus der Arbeiterklasse kommend bereits ein epidemisches Ausmaß in Bezug auf die Volksgesundheit angenommen.[18] Unglücklicherweise ist der Ausdruck Tod aus Verzweiflung einer, an den wir uns schon viel zu sehr gewöhnt haben. Es überrascht nicht, dass Covid-19 viel tödlicher für Arbeiterklassengemeinschaften *of color* war: PMC-Beschäftigte, die von zu Hause aus arbeiten können, genießen im Zeitalter der Pandemie einen zusätzlichen gesundheitlichen Vorteil.

Zu Beginn des 18. Jahrhunderts, als die Arbeit anderer es den europäischen bürgerlichen Eliten ermöglichte, ihre Freizeit zu nutzen, um Sensibilität und Empfindsamkeit in einer vermeintlich uneigennützigen Weise zu kultivieren, kam eine ausgewählte Gruppe von Müßiggängern dazu, sich neue Formen der Geselligkeit und Intersubjektivität auszudenken. Die heutigen Kapitalisten und PMC-Eliten sind auch große Freunde der Selbstverwirklichung, aber ihre Angst um ihr »Privileg« lässt sie sehr hart daran arbeiten, andere zu demütigen und sich unermüdlich als kulturelle und politische Avantgarde darzustellen, und für sich selbst etwas in Anspruch zu nehmen, das für normale Menschen unvorstellbar wäre. Die PMC-Eliten experimentieren ständig mit sich selbst: von der Rückkehr aufs »Land« unter der Schirmherrschaft des neuen Kommunalismus bis zu Keto-Diäten, dem ausschließlichen Trinken von abwasserhaltigem Rohwasser und Intervallfasten, stellen sie die Beschäftigung mit sich selbst immer wie einen Akt der scheinheiligen Entbehrung dar. Im Hinblick auf Etikette und neue Formen der gegenseitigen Ansprache haben die PMC-Eliten eine Sprache der liberalen Toleranz entwickelt, die die Arbeiterklasse bisher noch nicht gemeistert hat. Bewusst oder unterbewusst wollen die PMC-Eliten ihre Gegner erniedrigen, indem sie ihnen einen Mangel an Intelligenz, Empathie und Tugendhaftigkeit unterstellen. Als Kakutani Obama interviewte und dieser Atticus Finch paraphrasierte, um zu beschreiben, wie man sich nicht rassistisch verhält, entwickelte die PMC-Elite einen Lesemodus, der darauf abzielte, eine Reihe schwacher, aber sozial lesbarer Verbindungen zwischen Menschen in abgeschotteten, insularen Welten von Empfindlichkeiten und Sensibilitäten herzustellen. Obama, Kakutani und die zuerst veröffentlichte Harper Lee spielen wichtige Rollen bei der Vermittlung der Werte des amerikanischen Pluralismus, der hier als eine von oben nach unten gerichtete Lektion in der Übernahme professionalisierter, liberaler Protokolle der Selbstverbesserung verstanden wird. Andere Menschen und andere Erfahrungen existieren nur insofern, als sie unser Empathievermögen und Verständnis für Gefühle erweitern können. Obama und Kakutani haben uns allen eine Lektion darüber erteilt, wie wir mit unserem kulturellem Erbe umgehen sollen: Ihre PMC-Didaktik bietet uns Lektionen an, denen wir uns verweigern sollten. Lassen Sie uns Atticus Finch als politisches Projekt lesen und den Roman, in dem er vorkommt, als ein gut gemachtes Stück der antisozialstaatlichen, antisozialistischen Propaganda. Lesen ist von großer Bedeutung, jedoch nicht auf die Art und Weise, wie Obama und Kakutani es gerne hätten.

Die PMC hat Sex

Während des »Summer of Love« dachten die avantgardistischen Mai-1968er, dass sie neue und revolutionäre Wege der sexuellen Erfahrung und Lust erfunden hätten. Das hatten sie nicht. Sie dachten, sie seien die ersten sexuellen Abenteurer in der Geschichte der Menschheit. Sie waren es nicht. Sex war schon immer eine chaotische Angelegenheit, aber während des 18. Jahrhunderts schrieben die meist männlichen Libertins in Europa, vor allem – aber nicht nur – in Frankreich, die die sexuelle Freiheit ernst nahmen, über die wissenschaftliche Erforschung der beobachtbaren Welt, den Tod Gottes, den Wert außereuropäischer Kulturen und die Entweihung der Sakramente, während sie die christliche Moral missachteten, indem sie in unterschiedlichen Graden in Sünde lebten. Sie waren Teil einer sexuellen Revolution, und sie waren sich ihrer politischen Konsequenzen sehr bewusst.

Im 18. Jahrhundert war die französische Literatur des Libertinismus voll von anthropomorphisierten Klitorides, detaillierten Beschreibungen von Fußfetischen und tiefgründigen Diskussionen über die Freuden der analen Penetration. Der sexuelle Revolutionär, dem wir viele unserer fortschrittlichen Ideale über Sex zu verdanken haben, ist der Marquis de Sade. Er war ein aristokratischer

Klassenverräter und ein hoffnungsloser Fall von sexueller Abweichung, ein Anhänger der Französischen Revolution, der einen Großteil seines Lebens in elenden Gefängniszellen verbrachte und Pornografie schrieb. Adorno und Horkheimer stellten fest, dass die moderne, europäische Entmystifizierung des Sexualverhaltens mit de Sades Überlegungen zur menschlichen Sexualität und seiner forschenden, rastlosen Suche nach Vergnügen begann. In einem bemerkenswerten Traktat, das in seinem pornografischen Ideenroman *Die Philosophie im Boudoir* enthalten ist, schreibt er: »Franzosen, noch eine Anstrengung, wenn ihr Republikaner sein wollt.« De Sade vertrat die Ansicht, dass die Revolution von 1789 zwar Kirche und Monarchie gestürzt habe, dass sie aber noch weitergehen müsse, wenn sie das Volk befreien und die Abschaffung von Aberglauben und Unterdrückung besiegeln wolle. Sexuelles Wissen – das heißt das Wissen darum, wie man mit dem eigenen Körper und den Körpern anderer Lust und Vergnügen erlangen kann – sollte allen ohne Vorurteile zugänglich sein. Libertinage, die Ausübung absoluter sexueller Freiheit durch bekennende Atheisten, war unter dem *Ancien Régime* ausschließlich den Aristokraten vorbehalten gewesen. De Sade forderte sexuelle Freiheit für alle, und er warnte, dass, wenn die Revolutionäre nicht die Götzen der Sexualmoral stürzten und sexuelle Freiheit für das Volk forderten, die Mächte der Kirche und des Königs auf der Lauer liegen würden, bereit, die revolutionären Errungenschaften von Danton und Robespierre und den französischen Massen, die schließlich sowohl den König als auch die Kirche gestürzt hatten, rückgängig zu machen. Kurz: De Sade warnte vor einer Konterrevolution, wenn die sexuelle Revolution die Logik der Emanzipation nicht bis an ihre Grenzen ausreizen würde.

In *Die Philosophie im Boudoir* wird die aufgeweckte fünfzehnjährige Jungfrau Eugénie von der erfahrenen, libertinen sechsundzwanzigjährigen Madame de Saint-Ange in die Geheimnisse des erotischen Vergnügens mit Männern und Frauen eingeweiht; sie bringt ihr bei, wie sie ihr Vergnügen beim Sex »maximieren« kann: Im Traktat des Romans plädiert de Sade dafür, dass Ehebruch, Sodomie, Prostitution, Inzest und Vergewaltigung entkriminalisiert werden sollten. Es stellte sich heraus, dass er teilweise vorausschauend war. Im Jahr 2020 ist Sex vor und außerhalb der Ehe in den Vereinigten Staaten kein Tabu mehr: Außerhalb extrem religiöser Sekten weinen Mütter und Väter nicht mehr über entjungferte Söhne oder sexuell erfahrene Töchter. Darüber hinaus wurde Homosexualität in fast allen industrialisierten Demokratien der Welt entkriminalisiert, und auch die gleichgeschlechtliche Ehe wurde in vielen dieser Länder legalisiert. Die Normalisierung oder zumindest Entkriminalisierung der Prostitution wird in den liberalen Demokratien als Segen für die Sexarbeiterinnen und Sexarbeiter und als letzter Schritt zu einer liberalen, sexuell aufgeklärten Gesellschaft angesehen. Es ist schwer zu leugnen, dass de Sade ein politischer Visionär war – zum Teil. Nicht alle Tabus, die de Sade als unterdrückend bezeichnete, wurden von aufgeklärten Gesellschaften aufgehoben. Der dunkle Aspekt seiner sexuellen Aufklärung, der systematische Missbrauch und die Misshandlung anderer zum eigenen Vergnügen, der Sadismus, ist zum Beispiel in keiner Form gesellschaftsfähig geworden. Der Sadismus war für Adorno und Horkheimer am Ende des Zweiten Weltkriegs ein philosophisches System, das die radikale Kälte der Aufklärung als zügellose Instrumentalisierung, Ausbeutung und als Missbrauch anderer – Arbeiter, Leibeigene und Sklaven – rechtfertigte. Adorno und Horkheimer argumentierten, dass die Empfindsamkeit des 18. Jahrhunderts das Gegenteil von Sadismus war. Beide Wertesysteme waren für die Ausbreitung des Kapitalismus notwendig: Gutmenschentum und gute Absichten als Deckmantel für eine welterobernde Reduktion des Lebens auf Profitmargen.

Die Sexualrevolutionäre der 1960er Jahre reproduzierten teilweise die de Sad'sche Aufklärung, ohne ihren westlichen Vorläufer anzuerkennen: Sie zogen es vor, östliche Sexualkünste in ihren Innovationen zu zitieren. Die Sexualrevolutionäre der Neuen Linken glaubten, ein neues Verhältnis zur Lust gefunden zu haben, das sie mit der Welt teilen wollten. Genauso wie sie die armseligen Befriedigungen und die von der Wohlstandsgesellschaft angebotenen Massenwaren und Fernsehabende ablehnten, lehnten sie auch die altmodischen Formen des Geschlechtsverkehrs ab. Von den schlammigen Feldern Woodstocks bis hin zu den duftenden Hainen von Ken Keseys Anwesen experimentierten die Gegenkultur und die Neue Linke stolz mit angeblich neuartigen Formen des Hedonismus, die meist in die Polygamie eines charismatischen Mannes und der Unterwerfung einer Gruppe willenloser Frauen unter seinen Willen mündeten.

Feministinnen, die mit dem primitiven Horden-Gebaren der Männer der Neuen Linken unzufrieden waren, entdeckten, dass Frauen ihren eigenen Körper und damit auch ihr Verhältnis zur Lust zurückerobern mussten. Als das Boston Women's Health Book Collective 1970 mit *Our*

Bodies, Our Selves[1] einen frauenorientierten Leitfaden für weibliche Gesundheit herausgab, vertrat es die Idee, dass das Establishment den Frauen Informationen über die weibliche Anatomie und die weibliche Erfahrung vorenthalten habe. Sie glaubten, dass eine Zusammenstellung kritischer Informationen, die in Frauennetzwerken ausgetauscht werden, schließlich zur vollständigen Emanzipation der weiblichen Sexualität führe. Während die de Sad'sche-Heldin durch Orgasmen befreit wurde, glaubten die PMC-Feministinnen stattdessen, dass Informationen über das Erreichen von Orgasmen das wahrhaft Emanzipatorische seien. Die Frauen der Neuen Linken mit College-Ausbildung hielten sich wirklich für die Avantgarde des sexuellen und sozialen Lebens. *Our Bodies* vertrat die Ansicht, dass alles, was eine Frau tat – lernen, ihr Auto zu reparieren; eine lange Wanderung machen; Kajak fahren –, eine persönliche Freizeitbeschäftigung war, die eine unglaubliche politische Bedeutung hatte. *Our Bodies* bestand darauf, dass Frauen ihren Körper verstehen müssten, weil Männer ihnen den Zugang zu diesem magischen, beängstigenden, widerspenstigen Ding verwehrten. Die Autorinnen wandten sich an PMC-Frauen, als sie sich über den Besuch herablassender Gynäkologen beklagten, die nach einem kurzen Blick durch das Spekulum sichtlich ungeduldig zu ihren Tennismatches eilten. Die Autorinnen übersahen, dass die meisten Frauen in der Welt überhaupt keine regelmäßige medizinische Versorgung erhalten. In einer weiteren Verdrehung ihres »Privilegs« rieten die Autorinnen von *Our Bodies* den Frauen ernsthaft, die Freuden der körperlichen Arbeit zu erforschen, wobei sie die Tatsache ignorierten, dass die Mehrheit der Frauen in der Welt körperliche Arbeit nicht aus freien Stücken, sondern aus der schieren Notwendigkeit heraus verrichten. Im Laufe der Menschheitsgeschichte haben sich Frauen beim Wassertragen und in der Landwirtschaft den Rücken krumm geschuftet, während sie ihre Babys stillten, Felder von Hand bestellten, Wäsche in Flüssen wuschen und so weiter. Als Frauen noch in Häusern ohne Elektrizität oder fließendes Wasser lebten, verrichteten sie die Arbeit, die zum Überleben in einer Agrarwirtschaft notwendig war, die sich Frauen mit Hochschulbildung in den Städten und Vorstädten nicht vorstellen konnten – es sei denn als exotische Orte, die sie in ihrem Auslandsjahr besuchten. Die industrielle Revolution schuf nur mehr Arten von Arbeit für Frauen aus der Arbeiterklasse, von denen einige körperlich sind, andere auf feinmotorischen Fähigkeiten beruhen, aber alle routiniert und bestrafend in ihren Produktionsrhythmen sind.

Als Reaktion auf die überzogenen Ambitionen der Frauenbewegung verbreiteten die konservativen Kulturkämpfer der 1970er und 1980er Jahre eine Moralpanik über die bevorstehende Auflösung von Ehe und Familie. Doch im Laufe der Zeit wurden die gegenkulturellen PMC-Männer und -Frauen nicht zu sexuellen Libertins. Vielmehr gab die Mehrheit der US-Amerikaner mit College-Abschluss Promiskuität und unkonventionelle Liebesbeziehungen auf, als sie in ihren Berufen erfolgreicher wurden. Mit steigendem Einkommen und Vermögen wurde ihnen ein Anreiz geboten, sesshaft zu werden und nicht mehr ständig neue Partner zu finden. Der Schutz des sozioökonomischen Status der PMC schuf Gelegenheiten für Opfer und Kompromisse, denen prekäre Menschen aus der Arbeiterklasse abschworen. Im Jahr 2020 ist die Scheidungsrate und die Zahl der Alleinerziehenden gerade bei Menschen ohne Hochschulabschluss gestiegen. Es ist wirklich eine ironische Umkehrung der Werte, die die Logik der Kulturkämpfe auf den Kopf stellt, wenn PMC-Familien, ob heterosexuell oder homosexuell, Monogamie und Familienwerte mit größerem Eifer annehmen als ihre Pendants aus der Arbeiterklasse.

Für den PMC-Feminismus war die sexuelle Revolution in erster Linie eine Revolution der Information und der Bildung. Es war eine Revolution, die durch die Lektüre eines Buches oder in einer bewusstseinsbildenden Gruppe über die Lektüre dieses Buches gemacht werden konnte. Es war eine Revolution, die Orgasmus und Vergnügen zum Gegenstand der moralischen und pädagogischen Verfeinerung der PMC machte (erinnern Sie sich noch an den G-Punkt?). Um Teil dieser Revolution zu sein, musste man akzeptieren, dass die privaten Erfahrungen und das Leben der elitären PMCler die wichtigsten Orte sinnvoller politischer und kultureller Aktivität waren. Im sexpositiven PMC-Feminismus konnte der beste Sex in einem sozialen Vakuum stattfinden: in einem bequemen Bett mit sauberen Laken, zwischen einwilligenden Partnern, frei von wirtschaftlichen oder sozialen Ängsten. In einer solchen optimalen Situation konnte eine Frau ihre Klitoris, ihre Schamlippen oder ihren Damm in aller Ruhe befingern, während sie einem sensiblen und aufgeschlossenen Partner ihre Bedürfnisse und Wünsche mitteilte. Guter Sex wurde durchdrungen von der Logik der Informations- und Kommunikationstheorie, auf der die Ideale der Einvernehmlichkeit aufbauen.

In krassem Gegensatz zu den sexuell aufgeklärten PMClern wurden Männer und Frauen aus der Arbeiterklasse in der Populärkultur der 1970er Jahre als gefangen in Misogynie, Homophobie, Vorurteilen und Gewalt dargestellt, entkoppelt von ihren Gefühlen und unfähig, ihre erotischen Bedürfnisse mitzuteilen.[2] Für die Kreativen der Neuen Linken und die Liberalen, die in den 1970er Jahren in Hollywood arbeiteten, lebten die Menschen aus der Arbeiterklasse sexuell im finsteren Mittelalter. Die Männer der Arbeiterklasse waren hoffnungslos autoritär und die Frauen der Arbeiterklasse unbewusst der patriarchalischen Macht des Hauptverdieners der Familie unterworfen. Während die Arbeiterklasse an der Wende zum 19. Jahrhundert unbestreitbar an der Spitze der politischen Kämpfe gegen die Kapitalisten und ihre Stellvertreter stand, behauptete die PMC nach 1968, dass sie allein an der Spitze aller Revolutionen stehe, einschließlich und vor allem der sexuellen Revolution.

Unter der Obama-Regierung engagierte sich der Staat intensiv für die aufgeklärte Regulierung von Sex. Ab 2008 kanalisierte der PMC-Triumphalismus unter dem redegewandten und belesenen Präsidenten die kollektive Energie der Liberalen, um sich auf Sex an einem der wichtigsten Orte der Klassenbildung zu konzentrieren: auf dem Universitätscampus, insbesondere auf dem Campus der Eliteuniversität. Die instrumentalisierte Besessenheit von sexueller Gewalt und sexuellem Exzess ist ein wichtiger Bestandteil des amerikanischen Puritanismus: Die moralische und tugendhafte Überlegenheit in der sexuellen Aufklärung ist ein wichtiger Teil des gegenkulturellen Erbes der PMC. Anstatt sich auf wirtschaftliches Fehlverhalten zu konzentrieren, verfolgte eine aufstrebende PMC-Elite unter Obama Sexualverbrechen – nicht am Arbeitsplatz, sondern auf dem College-Campus – mit einem Eifer, den Liberale für jede Politik reservieren, die die Aufmerksamkeit von wirtschaftlicher Umverteilung ablenkt. Kurz gesagt: Anstatt nach seinem Amtsantritt die Banken zu zerschlagen oder den Finanzsektor zu reformieren, wollte Obama seinen Wahlsieg dazu nutzen, sexuelle Gewalt an Hochschulen zu beseitigen. Im Jahr 2011 schickte das Department of Education Office for Civil Rights[3] einen Brief an mehr als 7000 Universitäten, in dem es sie warnte, dass sie, wenn sie keine Maßnahmen zur Verhinderung und Behebung von sexueller Gewalt und sexuellen Übergriffen auf ihrem Campus ergreifen würden, Gefahr liefen, ihre Rechte auf alle Bundesmittel zu verlieren. Juristische Kommentatoren räumen heute ein, dass die Hochschulverwaltungen auf das Schreiben geradezu mit übereifriger Fügsamkeit reagierten. Viele Title-IX-Büros[4] lehnten das Prinzip »unschuldig bis zum Beweis der Schuld« ab, das die demokratische Rechtsstaatlichkeit ausmacht, und richteten Untersuchungsausschüsse und -gremien auf dem Campus ein, die kaum mehr als Scheingerichte waren.[5]

Zur gleichen Zeit tauchten in den Mainstream-Medien aufsehenerregende Geschichten über sexuelle Gewalt und sexuellen Missbrauch an Hochschulen auf, gerade so, als ob sie die Notwendigkeit der strengen neuen Politik der Obama-Regierung bestätigen würden. Im Jahr 2015, auf dem Höhepunkt der Sexualpaniken der Obama-Ära, wurde Kirby Dicks *The Hunting Ground*[6] von – Achtung! – der Weinstein Company veröffentlicht. Dicks Dokumentarfilm präsentierte College-Campus als schreckliche Orte für junge Frauen. Mit der Hilfe von Harvey Weinstein bediente Dick den Durst seines liberalen Publikums nach Geschichten über sexuelle Gewalt auf dem Campus. Im Jahr 2016 zitierte Amber Frost die Zahlen des National Crime Victimization Survey, die zeigten, dass Frauen, die nicht aufs College gehen, 1,2-mal häufiger sexuell angegriffen werden als Frauen, die aufs College gehen.[7] Sexuelle Gewalt auf dem College-Campus lockte liberale PMC-Eliten an eine neue Front im Kulturkampf, weit weg von Ungleichheit, Unterdrückung und sexueller Belästigung und Diskriminierung am Arbeitsplatz. Der Kampf gegen sexuelle Gewalt auf dem Campus ermöglichte es der PMC, ihre Überzeugung zu bekräftigen, dass angestellte Fachkräfte und Anwälte wie Atticus Finch die wahren Helden in risikoarmen Kämpfen gegen alles, nur nicht gegen wirtschaftlichen Missbrauch sind.

Der *Rolling Stone*, eine Zeitschrift, die 1967 im Schmelztiegel der freizügigen, drogengeschwängerten Gegenkultur von San Francisco geboren wurde, brachte eine der reißerischsten Geschichten über sexuelle Gewalt auf dem Campus in der Obama-Ära. Das Magazin war einst ein sehr erfolgreiches Medium für die rockbegeisterte Generation von Mittelschichtskonsumenten mit steigender Kaufkraft. Im Jahr 2014 war es nur noch ein weiteres Mainstream-Magazin, das im Internet um die Gunst der Leser kämpfte. Die Wirtschaftskrise von 2008 traf die Zeitschrift besonders hart. Die Anzeigeneinnahmen für Printmagazine erreichten 2007 ihren Höhepunkt und gingen dann Jahr für Jahr stetig zurück, und weder die digitalen Verkäufe noch die von den Regierungen Bush und Obama eingeleitete angebliche wirtschaftliche »Erholung« ermöglichten zumindest eine Verzögerung dieser Entwicklung.[8] Es ist insofern durchaus verständlich, dass Jann Wenner und die Redaktion des *Rolling Stone* sich beeilten, den Artikel »Rape on Campus« der freien Autorin Sabrina Erdely zu veröffentlichen, als diese die Geschichte einer angeblichen Gruppenvergewaltigung an der University of Virginia (UVA) aufdeckte. Der 9 000 Wörter umfassende Artikel schilderte aus der Sicht von »Jackie«, dem mutmaßlichen Opfer, eine entsetzliche Gruppenvergewaltigung, die sich 2012 im Haus der Studentenverbindung Phi Beta Kappa Psi mutmaßlich ereignet hatte. Die Geschichte wurde auf der Website des *Rolling Stone* 2,7 Millionen Mal aufgerufen, mehr als jede andere Reportage über Nicht-Prominente, die das Magazin je veröffentlicht hatte. Als die *Washington Post* beschloss, eine unabhängige Untersuchung von Jackies Geschichte einzuleiten, stellte sich heraus, dass Erdely keines der Details überprüft hatte, die ihr von Jackie berichtet worden waren. Unter den vielen Lücken in Jackies Geschichte entdeckten die Reporter der *Washington Post*, dass es keine Aufzeichnungen über eine Party in dem Verbindungshaus in jener Nacht gab, in der Jackie behauptete, vergewaltigt worden zu sein. Im Jahr 2015 veröffentlichte der *Rolling Stone* einen Widerruf der Geschichte, zusammen mit einer detaillierten forensischen Untersuchung von Erdelys journalistischem Versagen, die von einem Team der Columbia School of Journalism durchgeführt worden war.[9] Der *Rolling Stone* und Sabrina Erdely wurden daraufhin von der Studentenverbindung Phi Beta Kappa Psi und von Nicole Eramo, der Studiendekanin der UVA, wegen Verleumdung verklagt. Die weitergehenden kulturellen und politischen Folgen eines solch eklatanten Falles von professionellem Versagen sind schwer abzuschätzen, aber die Rechten wussten mit Sicherheit, wie sie den Hass und die Abneigung der

Bevölkerung gegen die »Mainstream-Medien« und die professionellen Journalisten schüren konnten, und sie nutzten dieses eklatante Versagen in der Berichterstattung voll aus. Die rechtsextreme Nachrichtenseite *The Daily Caller* war wie besessen von dem Fall und freute sich über die Schande und die rechtlichen Probleme für den *Rolling Stone* und Erdely. Für die Konservativen und die rechtsextremen Anstachler von Incel-Wut bestätigte die UVA-Geschichte ihr Narrativ: Die liberalen Medien waren voll von sensationslüsternen Heuchlern, die versuchten, aus Fake-News-Geschichten, die junge Männer dämonisierten, Kapital zu schlagen.[10]

Fünfzig Jahre nach dem »Summer of Love« waren die Frauen, die das College besuchten, mit mehr Informationen und mehr Sexualerziehung ausgestattet als jede Generation vor ihnen, aber sie schienen zugleich weniger in der Lage zu sein, sexuelle Handlungsfreiheit zu erlangen, und außerdem mehr Schutz zu benötigen als frühere Generationen von Frauen, die mit sexueller Autonomie und männlichem Begehren ohne die Hilfe von Title-IX-Beauftragten der Universitäten umgehen mussten. Für Laura Kipnis, die sich selbst als »linke Feministin« und »Rebellin« bezeichnet, Freigeist und Professorin an der Northwestern University, leben wir in einer neuen Zeit der sexuellen Paranoia. Kipnis' Bericht über ihre eigene Title-IX-Untersuchung und den Fall gegen ihren ehemaligen Northwestern-Kollegen Peter Ludlow bilden das Herzstück ihres Buches zu diesem Thema, *Unwanted Advances: Sexual Paranoia Comes to Campus.*[11] Kipnis präsentiert eine klare, unparteiische Darstellung der kafkaesken Title-IX-Untersuchung, die gegen sie eingeleitet wurde, nachdem sie eine Reihe von

Artikeln über Northwestern und den Fall von Peter Ludlow im *Chronicle of Higher Education* veröffentlicht hatte.[12] Die erste Hälfte von Kipnis' Buch handelt von den Anschuldigungen gegen den Philosophieprofessor und der Title-IX-Untersuchung, die Northwestern sowohl gegen Ludlow als auch gegen Kipnis selbst eingeleitet hatte. Kipnis schließt diesen Abschnitt mit der Feststellung, dass Ludlow sich zwar zweifellos eines unangemessenen Verhaltens gegenüber Bachelor- und Masterstudentinnen schuldig gemacht hat, dass aber der Verlust seines Arbeitsplatzes als Strafe in keinem Verhältnis zu seinem Verbrechen stand, das Kipnis eher als naives kindliches Verhalten denn als groben Missbrauch und Ausbeutung beschreibt. In der zweiten Hälfte von *Unwanted Advances* fasst Kipnis viele der Geschichten über den Missbrauch von Title IX zusammen, die sie hörte, nachdem sie selbst Gegenstand einer Title-IX-Untersuchung gewesen und damit an die Öffentlichkeit gegangen war. Dafür wurde Kipnis zur Zielscheibe von Campus-Feministinnen und -aktivistinnen, aber sie ließ sich nicht zum Schweigen bringen. Sie ist eine Liberale, eine *high liberal*, und das ist die beste Art von Liberaler, die es gibt. Sie glaubt an eine solide Debatte und einen lebhaften öffentlichen Dissens an der Universität, und ihre Darstellung des Missbrauchs von Title IX ist ein mutiger Akt angesichts der Neigung der Cancel Culture, jeden zu verteufeln, der es auch nur wagt, das Regelwerk und die Annahmen hinter den Untersuchungen zur sexuellen Belästigung auf dem College-Campus infrage zu stellen.[13]

Das Schlimmste an der sexuellen Paranoia ist nach Kipnis, dass sie uns »dumm« macht. Sexualpaniken liefern »eine Formel für intellektuelle Rigidität«. Sie macht die Hexenjagd-Atmosphäre auf dem Campus dafür verantwortlich, dass die traditionellen Ideale der Universität untergraben werden – als Zufluchtsort für Freigeister, die nun unter einer »Lawine von Plattitüden und Angst« begraben werden.[14] Die ideale Universität, die Kipnis anstrebt, ist eine Fantasie, die auf dem sozialen Ideal einer egalitären Gesellschaft aufbaut, in der Studenten und Professoren Libertin-ähnliche Freigeister sind, frei von materiellem Verlangen. Während dieses Ideal zwischen 1945 und 1972 galt, haben die zunehmende Ungleichheit und die steigenden Kosten der Hochschulbildung diese amerikanische Idee von Universität aus der Mitte des letzten Jahrhunderts zerstört. In Kipnis' Fantasieuniversität leben alle in der Wohlstandsgesellschaft: Darin liegt die Grundlage ihres Ideals intellektueller Freiheit. Kipnis wuchs am Ende einer beispiellosen Expansion des Hochschulwesens in den Vereinigten Staaten auf, und sie strahlt das Selbstvertrauen und den Wagemut von jemandem aus, der niemals wirkliche berufliche oder wirtschaftliche Unsicherheit erleben musste. Sie ist bemerkenswert weit entfernt von jener Folterkammer der Angst, die Studenten heute plagt. Sie misst der sexuellen Paranoia zu viel Bedeutung für die intellektuelle Erstarrung des heutigen Universitätslebens bei: Meiner Erfahrung nach sind berufliche und wirtschaftliche Unsicherheit die größten Denkhemmer von allen.

Am Schluss von *Unwanted Advances* legt Kipnis eine überzeugende Analyse einer regelrechten Epidemie des Komasaufens an Hochschulen vor und zeigt gleichzeitig einen Zusammenhang zwischen der Moralpanik unserer Zeit und der unvollständigen Emanzipation weiblicher Sexualität auf. Sie ist der Meinung, dass die Probleme des Campus-Sex mit mehr Aufklärung von Männern und Frauen zum Thema sexuelle Ambivalenz, Einvernehmlichkeit und Handlungsmacht gelöst werden können. Was wäre, wenn die Überbewertung von Informationen und »Bildung« tatsächlich Teil des Problems des Erwachsenwerdens im Neoliberalismus und seiner Austeritätspolitik ist? Was wäre, wenn der Wettbewerb um Studienplätze und die immer höheren Eintrittsbarrieren in die PMC tatsächlich jene Sexualpaniken schüren, die uns alle immer dümmer machen? In einer Gesellschaft, die Bildung als ein privates Gut ansieht, ein Gut, das man nutzen muss, um in einer zunehmend unsicheren Welt zu bestehen, haben die meisten jungen Menschen nicht das Gefühl, dass sie es sich leisten können, während des Studiums neugierig oder auf Vergnügen aus zu sein. Die intellektuellen und erotischen Freiheiten, die Kipnis schätzt, sind geprägt von einer Art aristokratischen Libertin-Denkens, das durch die amerikanischen Prinzipien der wirtschaftlichen Umverteilung und Gleichheit aus der Mitte des 20. Jahrhunderts ermöglicht wurde und das die heutigen Universitätsverwaltungen weder verstehen noch unterstützen.

Die eifrige Durchsetzung von Title IX durch die Obama-Regierung unterscheidet sich deutlich von der Art und Weise, wie Hank Paulson und Timothy Geithner nach der Finanzkrise von 2008 die Rettungsaktion für kriminelle Finanzinstitute konstruierten. Warum hat die Obama-Regierung nicht einen offiziellen »Dear Colleague«-Brief an Investmentbanker und Finanzberater geschickt, in dem sie sie davor warnt, ihren Kunden dabei zu helfen, Milliarden von Dollar an Steuern zu hinterziehen, Steuern, die bei richtiger Verwendung in öffentliche Universitäten und öffentliche Bildungsprogramme reinvestiert werden könnten? Wie wäre es mit einem »Dear Colleague«-Brief an Big Pharma, in dem vor den geplanten Bundesvorschriften über Opioid-Dumping in ländlichen Gebieten gewarnt wird? Wie wäre es mit einem »Dear Colleague«-Brief an Wells Fargo, Goldman Sachs, AIG, JPMorgan Chase, Bank of America oder jedes andere Institut, das faule Hypotheken zum Nachteil von Kreditnehmern und Investoren versichert, verkauft und verpackt hat? Wie wäre es mit »Dear Colleague«-Briefen an Unternehmen, die fossile Brennstoffe herstellen, in denen sie vor der Vertuschung ihres Wissens über die Kohlenstoffproduktion und den Klimawandel gewarnt werden? Angesichts der Nichtexistenz solcher Briefe müssen wir zu dem Schluss kommen, dass die PMC-Eliten es vorziehen, Moralpaniken zu schüren, anstatt auch nur die bescheidensten Umverteilungsmaßnahmen oder fortschrittlichen Wirtschaftspolitiken umzusetzen, selbst nach einer globalen Finanzkatastrophe.

Zum Abschluss unserer Diskussion über die Sexualpanik auf dem Campus müssen wir uns der Geschichte von Emma Sulkowicz zuwenden. 2015 schloss Sulkowicz ihr Studium der visuellen Künste an der Columbia University mit einem Bachelor ab, den sie mit ihrer Performance *Mattress Performance: Carry That Weight* erwarb. Sulkowicz' Stück war als Protest und »Performance« gegen die Tatsache inszeniert, dass ihre Vergewaltigungsvorwürfe gegen den Kommilitonen Paul Nungesser aus dem Jahr 2013 zu keinerlei Konsequenzen für ihn geführt hatten und er weiterhin an der Columbia studieren durfte. Sulkowicz wollte, dass er wegen des angeblichen Angriffs von der Universität verwiesen wird, aber nach einer internen Untersuchung befand die Columbia, dass Nungesser für den angeblichen Übergriff nicht verantwortlich war. Sulkowicz war wütend über das Ergebnis und verbrachte ihr letztes Studienjahr auf dem Campus mit dem Tragen der Matratze, auf der der angebliche Übergriff stattgefunden hatte. Sulkowicz' revanchistisches Anspruchsdenken, ihre selbstbewusste Missachtung eines ordnungsgemäßen Verfahrens (das Kernstück der Rechtsstaatlichkeit des Liberalismus) und ihre Gleichgültigkeit gegenüber der Privatsphäre – ihres angeblichen Angreifers und ihrer eigenen – wurden in ihrer »Performance« als Kunst umgesetzt.

Wie alle auf körperlicher Ausdauer basierende Performance-Kunst ist die sinnlose körperliche Verausgabung eine Demonstration der absoluten Freiheit der Eliten von der Notwendigkeit körperlicher Arbeit. Unter diesem Gesichtspunkt verhöhnt Sulkowicz' Performance des Matratzentragens die körperliche Arbeit. Die meisten Arbeiter auf der Welt arbeiten immer noch mit ihrem Körper und müssen während eines Arbeitstages körperliche Schmerzen und Notlagen ertragen: Körperliche Ausdauer als »Wahl« ist das ultimative Zeichen der PMC-Souveränität. Es sollte selbstverständlich sein, dass Sulkowicz in erster Linie und hauptsächlich ihr eigenes Trauma objektivierte. Die Performance ermöglichte ihr ein gewisses Maß an Distanzierung, aber sie gab ihr auch die Plattform, auf der sie sich um Sichtbarkeit, Bekanntheit, Ruhm und Berühmtheit bemühte. Durch die Ausstellung ihrer erlittenen traumatischen Erfahrung wurde sie zu einer Galionsfigur dafür, etwas öffentlich zu machen, das man im Privaten ertragen musste. Als Künstlerin und Kind der PMC-Elite (ihre Eltern sind erfolgreiche Wirtschaftspsychologen in Manhattan) reagierte Sulkowicz auf das Regime der postindustriellen Arbeit, kommentierte und reproduzierte es, eine Art von Arbeit, die die ständige Produktion von öffentlichkeitswirksamen Aktivitäten im Namen der Selbstvermarktung beinhaltet. In ihrem Streben nach Gerechtigkeit wurde Sulkowicz berühmt für ihre Fähigkeit, privaten Schmerz in ein öffentliches Spektakel zu verwandeln.

Ryan Trecartin, einer der berüchtigtsten Künstler des Internetzeitalters, arbeitet sich ebenfalls an der Celebrity-Kultur der neuen Medien ab, indem er Performances verrückter Partys inszeniert, die schief- und aus dem Ruder gelaufen sind. Seine Videoperformances sind karnevaleske, unsinnige, drogengeschwängerte Events, die von allgemeiner Auflösung, Ablehnung und vereitelter Lustsuche geprägt sind. Trecartin bezeichnet sich selbst als Autodidakt, campy, chaotisch und Arbeiterklasse. Die Kunst von Sulkowicz hatte etwas von dem Verlangen nach Ruhm, das alle Arbeiten von Trecartin belebt, aber in der Vermarktung ihrer traumatischen sexuellen Erfahrung verfolgte sie ein anderes Ziel: Ihre Kunst entstand aus ihrer Frustration über Nungessers Straffreiheit. Nach ihrem Abschluss an der Columbia University wurde Sulkowicz in das hochselektive Whitney Program aufgenommen, ein einjähriges Stipendium für angehende Kunststars, und ihr weiteres künstlerisches Schaffen bewegte sich im Spannungsfeld von sexueller Sensationslust und Angst vor der Prestige-Wirtschaft der Kunstwelt: Sie begann mit *Ceci n'est pas un viol* (Dies ist keine Vergewaltigung), einer Video-Reinszenierung ihrer Vergewaltigung. Außerdem ließ sie sich von einem SM-Profi, den sie »Mr. Whitney« nannte, fesseln, während sie einen weißen Bikini trug, auf dem ein *W* und ein *M* prangten, was, wie wir annehmen, für »Whitney Museum« steht. Ihre albernen persönlichen Erklärungen zu ihrer Arbeit wiederholen die abgedroschenen Binsenweisheiten über weibliches Empowerment und die Notwendigkeit, der Kritik an »Frauenkörpern« entgegenzuwirken.

Sulkowicz, die sowohl von der Performance-Künstlerin Marina Abramovic als auch von der Kunstkritikerin der *New York Times*, Roberta Smith, als Genie gefeiert wurde, zeigte sich ambivalent, was ihren Erfolg in der Kunstwelt angeht. Im Jahr 2017 führte sie eine Performance als Therapeutin im fiktiven Healing Touch Integral Wellness Center in Philadelphia durch. Das Magazin *Bustle* lobte ihre neue Arbeit als Widerstand gegen Trump.[15] Aber dann, zwei Jahre später, im Jahr 2019, wurde sie in der Zeitschrift *Cut* gezeigt, wie sie sich mit der Alt-light-Bewegung herumtrieb, Männerrechtlern, die einst ihre größten Online-Hater waren. Sulkowicz behauptete, dass sie sich für deren Ansichten geöffnet habe. Sie behauptete außerdem, der zeitgenössischen Kunst überdrüssig zu sein und dass sie mit der Kunst aufhören werde.[16] In der Zwischenzeit haben ihr angeblicher Angreifer, Paul Nungesser, und die Columbia University einen Rechtsstreit außergerichtlich beigelegt, in dem Nungesser die Universität erfolgreich wegen geschlechtsspezifischer Diskriminierung auf der Grundlage von Title IX verklagt hatte. Für Liberale ist sexuelle Gewalt auf dem Campus von entscheidender Bedeutung, weil (1) Universitäten Stätten der Klassenreproduktion sind und alle intersubjektiven Begegnungen an solchen Orten durchrationalisiert werden müssen und (2) die PMC-Elite es liebt, den tugendhaften Helden in eindeutigen moralischen Dramen zu spielen, in denen wirtschaftliche

Ausbeutung kein Thema ist. Laura Kipnis hätte es nicht überraschen dürfen, dass ein Teil der PMC-Jugendlichen Sex nicht mehr als eine Aktivität ansieht, bei der Lust und Handlungsfreiheit entscheidend sind. Für Emma Sulkowicz kann alles, was ihr widerfährt, instrumentalisiert und zu Stoff für die Öffentlichkeit und die Strafverfolgung gemacht werden. Das Fehlen von Grenzen zwischen dem Persönlichen und dem Politischen ist die vergiftete Frucht, die uns die Einverleibung der historischen Gegenkultur durch den gegenwärtigen Neoliberalismus serviert hat.

Wenn der Fall Harvey Weinstein außerhalb des Bereichs meiner Kritik an Sexualpaniken fällt, dann deshalb, weil sich Jodi Kantor und Megan Twohey auf sexuelle Übergriffe am Arbeitsplatz konzentrierten, die von zahllosen Opfern und Angestellten des ehemaligen Filmmoguls bestätigt wurden.[17] Es wäre wunderbar, wenn wir die Aufmerksamkeit und Sorgfalt, die wir den Opfern von Harvey Weinstein widmen, auch auf andere Arbeitnehmer ausdehnen könnten, die an weit weniger glamourösen Arbeitsplätzen ausgebeutet und missbraucht wurden. Kantor und Twohey berichten, dass Weinsteins Opfer aufgrund der Macht, die er über ihre Karrieren und beruflichen Perspektiven ausübte, Angst vor ihm hatten. Es liegt auf der Hand, dass sexuelle Nötigung und wirtschaftliche Unsicherheit zusammenwirken und so die Voraussetzungen für Missbrauch schaffen. Es gibt keine sexuelle Freiheit und Lust ohne die Freiheit von der erschreckenden ökonomischen Angst um das einfache Überleben, auf die so viele von uns reduziert sind. Weinsteins de Sad'sche Behandlung von Frauen wäre ohne die berufliche und wirtschaftliche Macht, die er über eine ganze Branche ausübte, nicht möglich gewesen. Wie de Sade glaubt auch Kipnis an eine Welt des sexuellen Abenteuers ohne ökonomischen Zwang – eine Welt, die zwar wünschenswert, aber unter den gegenwärtigen Bedingungen des Kapitalismus und seiner Verengung von Räumen authentischer intersubjektiver Erfahrung nicht realisierbar ist.

Schluss

Marx' *Kapital* war eine Welt voller Rohstoffe und Akteure, die miteinander kämpfen und arbeiten, die in die Produktionsprozesse eingebunden waren, um Rohstoffen wie Gold, Eisen, Wolle und Baumwolle Reichtum abzutrotzen: Für Marx würden diese Arbeiter Geschichte schreiben, wenn sie sich gegen den Kapitalismus auflehnten. Auch die Arbeiter der PMC-Elite sehen sich als Geschichtsschreiber. Sie arbeiten in einer Welt schwebender Signifikanten, von Statistiken, Analysen, Projektionen, Vorhersagen und Identitätsperformativität, Tugendprahlerei und affektiver Produktion. Ihre Lieben und Leben sind sowohl virtuell als auch körperlos. Ihre Arbeit geht trotz der Verwüstungen durch die Covid-19-Pandemie unbeeinträchtigt weiter. Menschen, die in diesem Regime der symbolischen Manipulation geschult sind, lieben es, Empörung als Waffe einzusetzen, um moralische Panik zu schüren, sind aber unfähig und nicht bereit, sich ihrer Identität als Klasse zu stellen. In den freien Berufen kontrollieren sie sich gegenseitig, um die Art von sozialer und intellektueller Konformität durchzusetzen, die von ihrer Klasse verlangt wird; einer Klasse, die durch Wettbewerb und Individualismus grundlegend fragmentiert ist. Alle von der PMC gebilligten Maßnahmen gegen Ungleichheit, Rassismus und Voreingenommenheit zielen darauf ab, ihr Gefühl der politischen Handlungsfähigkeit und der kulturellen und moralischen Überlegenheit zu stärken. In einem böswilligen, wettbewerbsorientierten Marktumfeld haben sie die einst professionellen Standards der Forschung aufgegeben, während sie Grenzüberschreitung fetischisieren, oder besser noch, die Performance von Grenzüberschreitung. Trotz ihrer Fassade von distanzierter Kultiviertheit setzt die PMC auf Melodramatik und Sentimentalität, wenn es um Ungleichheit geht, und stellt sich machtlose Menschen als unschuldige Opfer vor, denen nur sie »helfen« kann. Die PMC möchte verzweifelt ein genderneutraler Atticus Finch sein. Für Marx bildeten die einzigartigen industriellen Arbeitsprozesse die Avantgardeklasse des Industriekapitalismus. Manager und Fachleute waren bedauerlicherweise nie Teil dieser Klasse, aber sie verschleiern ihre Komplizenschaft mit dem Kapital als etwas, das sie als »Widerstandsfähigkeit« und »Flexibilität« tarnen; Eigenschaften, die den Verlierern der Arbeiterklasse laut der Weltanschauung der PMC abgeht. Es waren die Arbeiter, die die industrielle Welt neu gestaltet haben, aber die heutigen PMC-Eliten missgönnen der ursprünglichen Linken ihre revolutionäre Kraft. Sie wollen den sozialen Wandel und eine mögliche Revolution steuern, auch wenn ihre eigenen Funktionen durch die ideologischen Forderungen der herrschenden Klasse eingeschränkt sind. Obwohl sie die Sinnlosigkeit ihrer eigenen Arbeit erkennen, glauben sie nicht an die systemischen Veränderungen, die notwendig sind, um die Wirtschaftssysteme so umzugestalten, dass viele Menschen eine lohnende Arbeit finden und ein sinnvolles Leben in Würde und wirtschaftlicher Sicherheit führen können.

Indem ich die ideologischen Investitionen der PMC historisiere, versuche ich nicht einfach, ihre Identität zu »verstehen«, um den wertvollen Fundus akademischen Wissens zu ergänzen – vielmehr bin ich daran interessiert, ihre Werte zu kritisieren, damit ihre Politik fallen gelassen wird. Um eine sozialistische Zukunft aufzubauen, müssen wir einen ständigen Kampf führen, um die politische Lähmung zu überwinden, zu der sowohl Zentrismus als auch Pseudoradikalismus führen. Überall auf der Welt haben einfache Menschen ohne Hochschulabschluss die PMC-Technokratie zugunsten eines populistischen Autoritarismus abgelehnt, weil sie nicht mehr an die vorherrschende neoliberale Erzählung über Austerität und Wettbewerb glauben. Der Mehrheit der Menschen ohne Hochschulabschluss erscheint die PMC zunehmend als pedantisch, heuchlerisch und rigide: In autoritären, wissenschaftsverleugnenden konservativen Führern erkennen sie ihre eigene hilflose Wut und Unwissenheit. In wütenden Demagogen finden sie die Verkörperung einer Souveränität, die ihnen selbst vorenthalten worden ist. Natürlich ist ihre Unterstützung für Milliardärspopulisten und deren Gefolgsleute restlos reaktionär, aber die politische Antwort auf den Populismus ist nicht liberaler Reformismus oder gemäßigter Zentrismus. Die Antwort ist die Verpflichtung zum Sozialismus. Wenn die PMC immer noch darauf besteht, dass ein bisschen wirtschaftliche Umverteilung sorgfältig von unternehmensfreundlichen »Experten« verwaltet werden sollte, müssen Sozialisten eine andere politische Ordnung und ein anderes Kalkül des politischen Engagements fordern, das darauf abzielt, im Schatten eines fernen revolutionären Horizonts Solidarität zu stiften.

Liebe Leserin, lieber Leser, wahrscheinlich gehören Sie, wie ich auch, zur PMC oder sind zumindest an einer ihrer Institutionen ausgebildet worden. Ich hoffe, dass diese kurze Einführung in das falsche Bewusstsein einer Klasse, die sich immer noch für einen heroischen und tugendhaften politischen Akteur hält, Sie in Ihrer Entschlossenheit bestärkt, die Politik der PMC abzulehnen und auf dieser Kritik an ihren reaktionären Klassenpositionen aufzubauen. Da wir von ihrem Ethos und ihrer Ideologie geprägt sind, müssen wir nun alle daran arbeiten, die Auswirkungen der PMC-Propaganda rückgängig zu machen, und uns dem Klassenkampf von unten anschließen. Diese kurze Einführung dient als Leitfaden, um die PMC-Werte in uns selbst zu erkennen, damit wir sie besser beseitigen können. Aufgrund der ideologischen Verzerrungen linker Politik durch PMC-Werte muss Selbstkritik am Anfang jedes politischen Engagements stehen. Wir müssen die Art und Weise ablehnen, wie die PMC uns vorgibt, über Erfolg, Intelligenz, Rassismus, Gewalt, Kinder, Lesen, Gesundheitsversorgung, Wohlbefinden, Vergnügen und Sex zu denken. Wir müssen es ablehnen, aus Geschmacksfragen und Konsumgewohnheiten eine Tugend zu machen. Wir müssen uns als universelles Subjekt einer Geschichte begreifen, die von den dynamischen, ausbeuterischen und strafenden Kräften des Kapitalismus beherrscht wird. Das wird nicht einfach sein, denn die PMC-Eliten kontrollieren einen Großteil unseres Lebens und drohen uns still und leise mit Ausgrenzung, wenn wir nicht ihrer sanktionierenden Duckmäuser-Politik folgen. Die PMC möchte, dass wir vergessen, dass sie als Klasse dem Kapitalismus und dem Profitstreben sehr gut gedient hat: Tragischerweise war sie auch sehr erfolgreich darin, die Sprache der progressiven und aufgeklärten Politik zu monopolisieren, während sie die besten Aspekte der liberalen Professionalität und der demokratischen Kultur, in der solche Ideen der intellektuellen Autonomie gedeihen können, aufgegeben hat. Die Werte der Professionalität mit ihrer uneigennützigen Forderung nach Rechtschaffenheit und Respekt vor den von einer Gemeinschaft von Forschern erarbeiteten Wahrheiten sind entscheidend für den Aufbau des Sozialismus. Professionalität ist kein Feind der Solidarität. Professionalität und ihre disziplinären Grenzen sind notwendig, um sozialistische Spezialisten heranzuziehen, die für die Überwachung der massiven wirtschaftlichen Umverteilung und die Stärkung der öffentlichen Infrastruktur wie der öffentlichen Güter benötigt werden, die für das ökologische Überleben des Planeten und das politische Überleben der Demokratie notwendig sind.

Ich beende dieses Manuskript mitten im Corona-Lockdown. Die wirtschaftliche und gesundheitspolitische Katastrophe, die wir in den Vereinigten Staaten erleben, steht in direktem Zusammenhang mit der Macht der gewinnorientierten Interessengruppen im Gesundheitswesen und der Konzerne, die die öffentlichen Dienste und die öffentliche Gesundheit aushöhlen. Die Tatsache, dass die Regierung Biden-Harris gegen eine nationale Gesundheitsversorgung oder *Medicare for All* ist, ist sehr aufschlussreich. Anstatt sich für eine nationale Gesundheitsversorgung einzusetzen, bewirbt eine Phalanx zentristischer Experten individuelle Maßnahmen, wie das Tragen von Masken, als die neuen »Tugenden«. Ja, wir sollten Masken tragen, aber wir sollten auch kostenlose Corona-Tests und Rückverfolgung von Kontaktpersonen fordern, genauso wie kostenlose Impfstoffe und den Wiederaufbau der öffentlichen Gesundheitseinrichtungen, die der öffentlichen Gesundheit und nicht dem Profitstreben dienen. Wenn die Zeiten wieder normal werden und Ihr Chef oder Ihre Krankenkasse versucht, Ihnen die Kommerzialisierung Ihrer Gesundheit als »Wellness«-Protokoll zu verkaufen, denken Sie daran, dass die Gesundheitsfürsorge Teil der öffentlichen Infrastruktur ist, keine Ware. Genauso wie die Bereitstellung einer hochwertigen Kinderbetreuung für jede Familie Teil der öffentlichen Infrastruktur sein sollte, so sollte auch die Pflege älterer und kranker Menschen zu den Schwerpunktbereichen öffentlicher Investitionen gehören. Meine Absichten sind simpel: dazu beizutragen, dass sozialistische Wirtschaft und Politik angesichts der gezielten Verteufelung ihrer Vision des kollektiv Möglichen normalisiert werden. Der Sozialismus selbst ist weder glamourös noch innovativ: Er schmückt seine Agenden nicht mit neuen Pronomen oder ausgefallenen Neologismen. Seine Signifikanten schweben nicht in der Luft oder im Äther: Seine Politik sollte sich sowohl auf gute Statistiken und die objektive Realität stützen als auch auf die Macht und Vorläufigkeit der wissenschaftlichen Methode und Vernunft. Eine sozialistische Intellektuelle sollte sich weigern, den Mantel der Tugend, der Gelehrsamkeit und der Abgehobenheit zu tragen: Sie sollte bereit sein, auf der Seite der Arbeiter und Ausgebeuteten in den Klassenkampf einzutreten. Die konservativen und progressiven PMC-Eliten und die von ihnen kontrollierten Institutionen stehen der Arbeitermacht und dem Sozialismus als solchem aktiv feindlich gegenüber. Daher sind Solidarität und Organisation für einen langfristigen politischen Kampf wichtiger denn je. Affektgetriebene Proteste, lautstarke Menschenmassen und gewalttätige Ausschreitungen mögen zwar die politischen Voraussetzungen für einen sozialen Wandel schaffen, aber ein politischer Wandel in dem Umfang, den wir brauchen, erfordert solche Disziplin, wie sie die akademische Linke zu verurteilen pflegt. Solange eine gelenkte Volkswirtschaft die kurzfristige Realität sein mag, auf die wir zu hoffen wagen, sollten wir den sozialistischen Aspekten dieses hybriden Systems den Rücken stärken. Solange die PMC das Horten von Kapital und Tugenden fördert, müssen wir uns von ihrer kryptopuritanischen Regulierung menschlicher Begierden und menschlicher Beziehungen distanzieren. Wir müssen Ketzer sein. Wir sollten Gott lästern.

Die PMC-Elite hat sich geweigert, das Wirtschaftssystem beim Namen zu nennen, das unseren Planeten ruiniert hat, sie hat unser Vertrauen in die öffentlichen Institutionen untergraben, die Gesundheitssysteme zerstört, unsere Kindheit beeinträchtigt und uns unsere Vergnügungen streitig gemacht. Die PMC ist weder böse noch tugendhaft, sondern ein weltlicher und materieller Antagonist. Wenn wir den Kapitalismus als Feind des Volkes bezeichnen, müssen wir auch den eifrigsten Höfling und Kriecher unseres Feindes benennen: die Klasse der professionellen Manager, die PMC.

Danksagung

Ich danke Leo und Peter Krapp, dass sie meine Tiraden über die Leistungsgesellschaft ertragen haben. Sie haben mir geholfen, Mut zu haben. Danke, Leo, dass du ein so großartiger Co-Autor und Sohn bist. François Cusset, Thierry Labica und Wang Chaohua haben mich an die Université de Paris Ouest beziehungsweise die Tsinghua-Universität eingeladen, um Vorträge zu halten, die die Grundlage für diese Kapitel bildeten. Schließlich möchte ich Ara Merjian dafür danken, dass er mich eingeladen hat, an der NYU Berlin über 1968 zu sprechen. Für all diese Gespräche bin ich sehr dankbar. Ich danke Megan Kilpatrick dafür, dass sie mich zum Thema Sozialismus, Kindheit und Fürsorge in *Jacobin* hat veröffentlichen lassen und mir geholfen hat, Ideen über Psychoanalyse und das kollektive soziale Wohlbefinden zu durchdenken. Melissa Naschek half mir bei den kritischen Diskussionen über das *Projekt 1619*. Alex Hochuli, George Hoare und Phillip Cunliffe haben mir bei der Formulierung vieler Ideen in diesem Buch geholfen. Vielen Dank, Connor Kilpatrick, für unsere Gespräche über Sexualpaniken. Tyrus Miller, Thomas Williams und Kelly Donahey haben mich zum Nachdenken über kritische Theorie angeregt. Darüber hinaus wäre dieses Buch ohne die Freundschaft von Amber Frost, John-Baptiste Oduor und Jarek Ervin nicht möglich gewesen, die mir in dunklen Zeiten den Rücken freihielten und mir das Gefühl gaben, Teil eines größeren kollektiven Projekts zu sein. Unser Buch bei Doctrinaire Press wird bald erscheinen. Die Ermutigung und Unterstützung, die ich von Leah Pennywark, Jason Weidemann, Anne Carter und Douglas Armato von der University of Minnesota Press erhielt, ermöglichte es mir, ein Projekt abzuschließen, bei dem ich fest davon ausging, dass es abgebrochen werden würde. Schließlich muss ich die Umgebung anerkennen, in der dieses Buch geschrieben wurde: die University Hills in Irvine und ihre aktive Mailing Software Listserv sind Hotspots der PMC-Sensibilitäten und -Politik. Ich habe so viel von ihnen gelernt. Mit den ewigen Worten meines verstorbenen Lateinlehrers an der City University von New York: »Disco Inferno« oder »Ich lerne in der Hölle«. Er unterrichtete mich, als er Anfang der 1990er Jahre sehr stark unter Komplikationen infolge seiner AIDS-Erkrankung litt. Ich widme dieses Buch allen, mit denen ich die Tanzfläche teilte, in dieser anderen Zeit, in dieser anderen Pandemie.

Anmerkungen

Ketch'up Germany! (Vorwort zur deutschen Ausgabe)

1. Anmerkung der Übersetzerin: im Deutschen »aufholen«.
2. Anm. d. Übers.: Eine deutsche Übersetzung des soziologischen Begriffs »Professional Managerial Class« könnte etwa »Berufs-Manager-Klasse« oder »Professionelle Managerklasse« lauten. Da es sich allerdings um einen soziologischen Fachbegriff handelt, der im Originaltext fast durchgängig als »PMC« abgekürzt wird, wird im Weiteren auf eine Behelfsübersetzung verzichtet, sondern ebenfalls die Abkürzung »PMC« verwendet.
3. John Ehrenreich und Barbara Ehrenreich, »The Professional-Managerial Class«, in: Pat Walker (Hg.), *Between Labor and Monopoly Capital*, S. 5–48 (Boston: South End Press, 1979), ursprünglich veröffentlicht als »The New Left and the Professional-Managerial Class«, *Radical America* 11, Nr. 3 (1977).
4. Siegfried Kracauer, *Die Angestellten: Aus dem neuesten Deutschland* (Frankfurt am Main: Suhrkamp, 1971), S. 67.
5. Ebd.
6. Ebd.
7. Matt Cowan, »Inside the clone factory: the story of Germany's Samwer Brothers«, *Wired*. 3. Februar 2012, www.wired.co.uk/gallery/inside-the-clone-factory-gallery.
8. Katrin Pribyl, »Wie Namen die Zukunft von Kindern beeinflussen«, *Die Welt*, 26. Februar 2008, www.welt.de/politik/article1727650/Wie-Namen-die-Zukunft-von-Kindern-beeinflussen.html.
9. Anm. d. Übers.: Deutsche Ausgabe: Kurt Vonnegut, *Schlachthof 5 oder Der Kinderkreuzzug* (Hamburg: Hoffmann und Campe, 1970).
10. www.sdgwatcheurope.org/wp-content/uploads/2019/06/3.3.a-report-DE.pdf.

11. www.destatis.de/EN/Themes/Society-Environment/Education-Research-Culture/Educational-Level/_node.html.

Einführung

1. Anm. d. Übers.: »Progressive Era« oder auf Deutsch »Fortschrittliche Ära« bezeichnet den geschichtlichen Abschnitt der USA von den 1890er Jahren bis zu ihrem Eintritt in den Ersten Weltkrieg. Sie zeichnete sich durch politische Reformen und Korruptionsbekämpfung aus.
2. Anm. d. Übers: »to empower« bedeutet so viel wie »ermächtigen, ermöglichen«, jedoch gibt es keine deutsche Übersetzung, die die Bedeutung im Kontext hier angemessen verkörpert.
3. Anm. d. Übers.: Liu verwendet hier im Original den Begriff »virtue signaling«, der mittlerweile auch teils im Deutschen Verwendung findet.
4. Steve Fraser, *The Age of Acquiescence: The Life and Death of American Resistance to Organized Wealth and Power* (New York: Basic Books, 2015).
5. Vgl. Michael Pollans Bericht in *The Omnivore's Dilemma: A Natural History of Four Meals* (New York: Penguin 2006) über den People's Park, Lebensmittelkooperativen und die Bio-Lebensmittelindustrie, der einen faszinierenden Teil der Geschichte gegenkultureller Bestrebungen erzählt. Deutsche Ausgabe: Michael Pollan, Das Omnivoren-Dilemma. Wie sich die Industrie der Lebensmittel bemächtigte und warum Essen so kompliziert wurde (München: Goldmann 2011).
6. Gabriel Winant, »Professional Managerial Chasm«, *n+1*, 19. Oktober 2019, www.nplusonemag.com/online-only/online-only/professional-managerial-chasm.
7. Für weitere Informationen zu diesem Thema siehe Leo Krapp und Catherine Liu, »Meritocracy Agonistes«, *Damage Magazine*, 1. September 2020, https://damagemag.com/2020/08/31/meritocracy-agonistes/.
8. John Ehrenreich und Barbara Ehrenreich, »The Professional-Managerial Class«, in: Pat Walker (Hg.), *Between Labor and Monopoly Capital*, S. 5–48 (Boston: South End Press, 1979), ursprünglich veröffentlicht als »The New Left and the Professional-Managerial Class«, *Radical America* 11, Nr. 3 (1977).
9. Anm. d. Übers.: Im Deutschen ist das Wort »Rasse« mit dem englischen »race« nicht gleichbedeutend. Daher wird hier und fortlaufend der englische Begriff verwendet.

10. Julius Krein, »The Real Class War«, *American Affairs 3*, Nr. 4 (2019), https://americanaffairsjournal.org/2019/11/the-real-class-war/.
11. Amber Frost, »The Characterless Opportunism of the Managerial Class«, *American Affairs 3*, Nr. 4 (2019), https://americanaffairsjournal.org/2019/11/the-characterless-opportunism-of-the-managerial-class/.
12. Um die Arbeiterklasse in ihrem Kampf um Legitimität gegen die Vorherrschaft der – wie Lind es nennt – Managereliten zu stärken, plädiert er für die Wiederherstellung der Macht der Arbeiterklasse in ihren historischen Formen: Gegen die wirtschaftliche Vorherrschaft würde die Gilde die Interessen der Arbeiterklasse vertreten; die Gemeinde bzw. der Bezirk würde die Interessen der Arbeiterklasse in den Bereichen Regierung und Kultur vertreten – »die Versammlung würde die Gegenmacht im Namen der Bürger der Arbeiterklasse gegen die Medieneliten und die akademischen Eliten der Oberschicht ausüben«. Michael Lind, *The New Class War: Saving Democracy from the Managerial Elite* (New York: Penguin Portfolio, 2020), S. 136.
13. Siehe Adolph Reeds Verbot durch die New York Democratic Socialists of America. Michael Powell, »A Black Marxist Scholar Wanted to Talk about Race: It Ignited a Fury«, *New York Times*, 14. August 2020, www.nytimes.com/2020/08/14/us/adolph-reed-controversy.html.
14. Ehrenreich und Ehrenreich, »Professional-Managerial Class«.
15. Siegfried Kracauer, *Die Angestellten: Aus dem neuesten Deutschland* (Frankfurt am Main: Suhrkamp, 1971); C. Wright Mills, White Collar, *The American Middle Classes* (London: Oxford University Press, 2002); Christopher Lasch, *The Culture of Narcissism: American Life in an Age of Diminishing Expectations* (New York: W.W. Norton, 2018), deutsche Ausgabe: Christopher Lasch, *Das Zeitalter des Narzißmus* (München: Bertelsmann, 1981).
16. Barbara Ehrenreich, *Fear of Falling: The Inner Life of the Middle Class* (New York: Twelve, 2020).
17. Bret Easton Ellis, *American Psycho* (New York: Vintage 1991).
18. Fraser, *Age of Acquiescence*, S. 211.
19. *Kultur der Armut* [*Culture of poverty*; Anm. d. Übers.] ist ein umstrittener und stark kritisierter Begriff, den der Anthropologe Oscar Lewis in seiner Studie über eine verarmte Familie in Mexiko-Stadt mit dem Titel *Children of Sanchez* (New York: Vintage, 2011) geprägt hat. Daniel Moynihans »The Negro Family: The Case for National Action« (März 1965) konzentrierte sich ebenfalls auf Familie und Kultur als Quellen der Verarmung. www.dol.gov/general/aboutdol/history/webid-moynihan.

20. Anm. d. Übers.: Der englische Begriff »transgression« wird hier und nachfolgend mit »Grenzüberschreitung« übersetzt.

Die »Überschreitung« der Grenzen der Professionalität

1. Alan Sokal, »Transgressing the Boundaries: Towards a Transformative Hermeneutics of Quantum Gravity«, *Social Text* 46/47 (1996), S. 217–52, https://physics.nyu.edu/faculty/sokal/transgress_v2/transgress_v2_singlefile.html. Deutsche Ausgabe: Alan Sokal, »Die Grenzen überschreiten: Auf dem Weg zu einer transformativen Hermeneutik der Quantengravitation«, In: Alan Sokal und Jean Bricmont, *Eleganter Unsinn* (München: C.H. Beck, 1999), S. 262–299, hier S. 262f.
2. https://physics.nyu.edu/sokal/SocialText_reply_LF.pdf
3. Elizabeth Warren und Teresa A. Sullivan, *The Fragile Middle Class: Americans in Debt* (New Haven, Conn.: Yale University Press, 2001).
4. Anm. d. Übers.: Als »Golden Age« wird die Blütezeit der amerikanischen Wirtschaft, ca. 1870–1898, bezeichnet.
5. John Cassidy präsentiert eine kurze und verständliche Erzählung über den globalen politischen Streit der Krise von 2008 im *New Yorker* zum zehnten Jubiläum des Börsencrashs: »The Real Cost of the 2008 Financial Crisis«, www.newyorker.com/magazine/2018/09/17/the-real-cost-of-the-2008-financial-crisis. Außerdem: Adam Tooze, *Crashed: How a Decade of Financial Crises Changed the World* (New York: Penguin, 2018), deutsche Ausgabe: Adam Tooze, Crashed: Wie zehn Jahre Finanzkrise die Welt verändert haben (München: Siedler, 2018).
6. Für eine Darstellung des Systems der Kreditvergabe und wie komplex und undurchsichtig das Verbriefungsgeschäft der Banken konstruiert wurde und wie es sich vor der Krise von 2008 ausgeweitet hat, lesen Sie Gillian Tetts *Fool's Gold: The Inside Story of J. P. Morgan and How Wall Street Greed Corrupted Its Bold Dream and Created a Financial Catastrophe* (New York: Free Press, 2010). Für eine eher charakterbasierte Version des Crashs siehe Michael Lewis' *The Big Short: Inside the Doomsday Machine* (New York: W.W. Norton, 2010), deutsche Ausgabe: Michael Lewis, *The Big Short: Wie eine Handvoll Trader die Welt verzockte* (Frankfurt am Main: Campus, 2010) und Adam McKays gleichnamigen Film mit Christian Bale.
7. Anm. d. Übers.: Unter diesem Namen werden acht Elite-Universitäten der USA zusammengefasst: Brown (Providence, Rhode Island), Colum-

bia (New York City), Cornell (Ithaca, New York), Dartmouth (Hanover, New Hampshire), Harvard (Cambridge, Massachusetts), Pennsylvania (Philadelphia, Pennsylvania), Princeton (New Jersey), Yale (New Haven, Connecticut).

8. Paul Kari, »A Decade after the Housing Crisis, Foreclosures Still Haunt Homeowners«, https://www.marketwatch.com/story/a-decade-after-the-housing-crisis-foreclosures-still-haunt-homeowners-2018-09-27.
9. John Ehrenreich und Barbara Ehrenreich, *Death of a Yuppie Dream: The Rise and Fall of the Professional Managerial Class* (New York: Rosa Luxemburg Stiftung, 2013), https://rosalux.nyc/wp-content/uploads/2021/09/ehrenreich_death_of_a_yuppie_dream90.pdf.
10. Ehrenreich und Ehrenreich, S. 11.
11. Anm. d. Übers.: Gemeint sind die »Besetzer« der Occupy-Bewegung.
12. Anm. d. Übers.: Im Original: »We are the 99 percent.«
13. Ruth Milkman, Stephanie Luce und Penny Lewis, »Changing the Subject: A Bottom Up Account of Occupy Wall Street in New York City«,www.researchgate.net/publication/268126261_Changing_The_Subject_Occupy_Wall_Street's_Achievements_and_Prospects_In_Comparative_Perspective.
14. Milkman, Luce und Lewis, S. 25.
15. Ferdinand de Saussure, *Grundfragen der allgemeinen Sprachwissenschaft* (Berlin/New York: de Gruyter 2001).
16. Ebd.
17. Anm. d. Übers.: Eine Möglichkeit, unterrepräsentierten und marginalisierten Gruppen bessere Chancen zu geben, gehört zu werden.
18. Angela Nagle, *Kill All Normies: On Line Culture Wars from 4Chan and Tumblr to Trump and the Alt-Right* (London: Zero Books, 2017), deutsche Ausgabe: Angela Nagle, *Die digitale Gegenrevolution: Online-Kulturkämpfe der Neuen Rechten von 4chan und Tumblr bis zur Alt-Right und Trump* (Bielefeld: transcript, 2018).
19. Gabriella Coleman, *Hacker, Hoaxer, Whistleblower, Spy: The Many Faces of Anonymous* (London: Verso, 2014).
20. Siehe dazu: »1619 Project«, *New York Times Magazine* [Sonderausgabe], 18. August 2019, https://pulitzercenter.org/sites/default/files/full_issue_of_the_1619_project.pdf.
21. Eine Übersicht über das Projekt und die Reaktionen, die es hervorrief, finden Sie auf www.nytimes.com/interactive/2019/08/14/magazine/1619-america-slavery.html; www.theatlantic.com/ideas/archive/2020/

01/1619-project-new-york-times-wilentz/605152/; www.wsws.org/en/articles/2019/09/06/1619-s06.html?mod=article_inline.

22. Tom Mackaman und David North, »The New York Times and Nikole Hannah-Jones Abandon Key Claims of the 1619 Project«, *World Socialist Website*, 22. September 2020, www.wsws.org/en/articles/2020/09/22/1619-s22.html.
23. Richard Sennett und Jonathan Cobb, *The Hidden Injuries of Class* (New York: W. W. Norton, 1972).
24. Anm. d. Übers.: Im Original »transgression«.

Die PMC hat Kinder

1. Paula Fass, *The End of American Childhood: A History of Parenting from Life on the Frontier to the Managed Child* (Princeton, N. J.: Princeton University Press, 2016), S. 222 f.
2. Ebd., S. 222.
3. Elizabeth Warren und Amalia Warren Tyagi, *The Two Income Trap: Why Middle Class Families Are (Still) Going Broke* (New York: Basic Books, 2016).
4. Judith Warner, *Perfect Madness: Motherhood in the Age of Anxiety* (New York: Penguin, 2004).
5. Megan Erickson Kilpatrick, *Class War: The Privatization of Childhood* (London: Verso, 2015).
6. Anm. d. Übers.: »Big government« ist ein abwertender Begriff für Staatsinterventionismus.
7. Judith Sealander, *The Failed Century of the Child: Governing America's Young in the Twentieth Century* (Cambridge: Cambridge University Press, 2003).
8. Anm. d. Übers.: »Gesetz zur persönlichen Verantwortung und Arbeitsmöglichkeit«.
9. Benjamin Spock, *Dr. Spock's Baby and Childcare*, 9. Auflage. (New York: Pocket Books, 2011), deutsche Ausgabe: Benjamin Spock, Säuglings- und Kinderpflege (Berlin: Ullstein, 1997).
10. Benjamin Spock, *Dr. Spock's »The First Two Years«* (New York: Pocket Books, 2001).
11. Jefferson Cowie, *Stayin' Alive: The 1970s and the Last Days of the Working Class* (New York: New Press, 2010), und Jennifer Silva, *Coming Up Short: Working Class Adulthood in an Age of Uncertainty* (Oxford: Oxford University Press, 2013).

12. Amy Chua und Jed Rubenfeld, *The Triple Package: How Three Unlikely Traits Explain the Rise and Fall of Cultural Groups in America* (New York: Penguin, 2014), deutsche Ausgabe: Amy Chua und Jed Rubenfeld, Alle Menschen sind gleich - erfolgreiche nicht: Die verblüffenden kulturellen Ursachen von Erfolg (Frankfurt am Main: Campus, 2014).
13. Amy Chua, *Battle Hymn of the Tiger Mother* (New York: Penguin, 2011), deutsche Ausgabe: *Die Mutter des Erfolgs. Wie ich meinen Kindern das Siegen beibrachte* (Zürich: Nagel & Kimche, 2011).
14. Anm. d. Übers.: »Warum chinesische Mütter überlegen sind«.
15. Amy Chua, »Why Chinese Mothers Are Superior«, *Wall Street Journal*, 8. Januar 2011, www.wsj.com/articles/SB10001424052748704111504576059713528698754.
16. Mihir Zaveri, »Yale Law Professor Is Suspended after Sexual Harassment Inquiry«, *New York Times*, 24. August 2020, www.nytimes.com/2020/08/26/nyregion/jed-rubenfeld-yale.html.
17. Julia Brown, »Law Students Demand Rubenfeld's Permanent Removal, Greater Transparency«, *Yale Daily News*, 12. Oktober 2020, https://yaledailynews.com/blog/2020/10/12/law-students-demand-rubenfelds-permanent-removal-greater-transparency/.
18. Der Fall Varsity Blues betraf Rick Singer, einen College-Berater für wohlhabende Personen, darunter Schauspieler, Erbinnen und führende Industrielle, die ihn dafür bezahlten, dass er Testergebnisse und sportliche Leistungen verfälschte, um die Zulassung ihrer weniger erfolgreichen Nachkommen zu erreichen. Eine kurze Zusammenfassung der College-Zulassungsskandale finden Sie unter www.nytimes.com/2019/03/12/us/college-admissions-cheating-scandal.html.
19. Caroline Ratcliffe, *Child Poverty and Adult Success* (Washington, D.C.: Urban Institute, September 2015), www.urban.org/sites/default/files/publication/65766/2000369-Child-Poverty-and-Adult-Success.pdf.
20. D.W. Winnicott, *Playing and Reality* (New York: Basic Books, 1971). Außerdem: D.W. Winnicott, »Transitional Objects and Transitional Phenomena«, *International Journal of Psychoanalysis* 34 (1953), S. 89–97.
21. D.W. Winnicott, *The Child, the Family and the Outside World* (Cambridge, Mass.: Perseus, 1984), S. 10.

Die PMC liest ein Buch

1. »Transcript: Obama on What Books Mean to Him«, *New York Times,* 16. Januar 2017, www.nytimes.com/2017/01/16/books/transcript-president-obama-on-what-books-mean-to-him.html.
2. Anm. d. Übers.: Deutsche Ausgabe: Harper Lee, *Wer die Nachtigall stört* … (Hamburg: Rowohlt, 1962).
3. Zitiert nach: Harper Lee, *Wer die Nachtigall stört* … (Hamburg: Rowohlt, 1962). S. 374.
4. »›Mockingbird‹ Moments: ›Scout, Atticus and Boo‹«, NPR, www.npr.org/templates/story/story.php?storyId=128387104.
5. Diane Ravitch, *The Death and Life of the Great American School System: How Testing and Choice Are Undermining Education* (New York: Basic Books, 2011); Ravitch, *Reign of Error: The Hoax of the Privatization Movement and the Danger to America's Public Schools* (New York: Vintage, 2014); Megan Erickson Kilpatrick, Class War: The Privatization of Childhood (London: Verso, 2015).
6. Zacarhy B. Wolf, »Why Teachers Strikes Are Touching Every Part of America«, CNN, 23. Februar 2019, https://edition.cnn.com/2019/02/23/politics/teacher-strikes-politics/index.html.
7. William E. Schmidt, »Arkansas Skills Test«, *New York Times,* 17. Januar 1984.
8. Gary W. Ritter, *Education Reform in Arkansas: Past and Present. Reforming Education in Arkansas: Recommendations from the Koret Task Force* (Stanford, Calif.: Hoover Institution Press, 2005), http://www.korettaskforce.org/books/arkansas/27.pdf
9. Adam Richardson, »Where No Child Left Behind Went Wrong«, *Harvard Business Review,* 27. Oktober 2011, https://hbr.org/2011/10/where-no-child-left-behind-wen.
10. Anm. d. Übers.: »Gemeinsamer Kern«, eine Zusammenstellung von Bildungsstandards.
11. »Child Poverty in America 2017: National Analysis«, Children's Defense Fund, www.childrensdefense.org/wp-content/uploads/2018/09/Child-Poverty-in-America-2017-National-Fact-Sheet.pdf. Laut einer neuen Studie der Brookings Institution hat Covid-19 den emotionalen Schaden und Bildungsentzug verschärft, die durch die von der Pandemie verschlimmerte Unsicherheit die Finanzen, das Essen und den Wohnungsmarkt betreffend entstanden ist und die 16 Prozent der amerikanischen Kinder unter der Armutsgrenze belastet. Lisa A. Gennetian

und Kathy Hirsh-Pasek, »Where's the Rallying Cry: America's Children Are Unequally Prepared to Absorb the Impact of COVID-19«, Brookings Institution, 13. Mai 2020, www.brookings.edu/blog/education-plus-development/2020/05/13/wheres-the-rallying-cry-americas-children-are-unequally-prepared-to-absorb-the-impacts-of-covid-19/.

12. Robin Winks, *Cloak and Gown: Scholars in the Secret War* (New York: Morrow, 1987); Jefferson Morely, *Ghost: The Secret Life of CIA Spymaster James Jesus Angleton* (New York: St. Martin's, 2018).
13. https://www.thoughtco.com/who-really-receives-welfare.
14. Siehe Richard Fording und Sanford Schram, »The Welfare Reform Disaster«, Jacobin, 28. August 2016, https://prospect.org/features/low-wages-add/.
15. Anm. d. Übers: Der deutsche Titel ist *Gehe hin, stelle einen Wächter* (München: DVA 2016). Obwohl das Werk vom US-Verlag HarperCollins zunächst als Fortsetzung beworben wurde, wird heute angenommen, dass es sich um einen Erstentwurf von *To kill a Mockingbird* handelt, der erst 2015 veröffentlicht wurde.
16. Im Juli 2015 rezensiert Kakutani *Go Set a Watchman.*
17. Linda Gordon, »Broadside for the Trump Era: The Ku Klux Klan of the 1920s«, 14. März 2018, www.versobooks.com/blogs/3688-broadside-for-the-trump-era-the-ku-klux-klan-of-the-1920s.
18. Ann Case und Angus Deaton, *Deaths of Despair and the Future of Capitalism* (Princeton, N.J.: Princeton University Press, 2020).

Die PMC hat Sex

1. Anm. d. Übers.: Deutsche Ausgabe: *Unser Körper, unser Leben – Ein Handbuch von Frauen für Frauen* (Hamburg: Rowohlt, 1980).
2. Jefferson Cowie, *Stayin' Alive: The Last Days of the Working Class* (New York: New Press, 2012).
3. Anm. d. Übers.: Büro für Bürgerrechte des Bildungsministeriums.
4. Anm. d. Übers.: »Title IX ist ein Gesetz, nach dem keine mit öffentlichen Geldern geförderte Bildungsinstitution Frauen benachteiligen darf.« Siehe https://de.usembassy.gov/de/title-ix-schuetzt-seit-50-jahren-gleichberechtigung-in-den-usa/
5. www.newyorker.com/news/our-columnists/assessing-betsy-devos-proposed-rules-on-title-ix-and-sexual-assault.
6. Anm. d. Übers.: Deutscher Titel: *Freiwild – Tatort Universität.*

7. Amber Frost, »The Trouble with the Trauma Industry«, *Baffler*, Nr. 31 (Juni 2016), https://thebaffler.com/salvos/confession-booth-frost.
8. Kali Hays, »Magazine Ad Revenue Continues to Decline Despite Some Audience Growth«, *WWD*, 27. Juli 2019, wwd.com/business-news/media/magazines-ad-revenue-continues-decline-despite-some-audience-growth-1203224173/.
9. Sheila Coronel, Steve Coll und Derek Kravitz, »Rolling Stone and UVA: The Columbia University Graduate School Report: An Anatomy of Journalistic Failure«, www.rollingstone.com/culture/culture-news/rolling-stone-and-uva-the-columbia-university-graduate-school-of-journalism-report-44930.
10. Lucia Graves, »Five Years On, the Lessons from the Rolling Stone Rape Story«, *Guardian*, 29. Dezember 2019, www.theguardian.com/society/2019/dec/29/rolling-stone-rape-story-uva-five-years.
11. Laura Kipnis, *Unwanted Advances: Sexual Paranoia Comes to Campus* (New York: HarperCollins, 2017).
12. Laura Kipnis, »Sexual Paranoia Strikes Academe«, *Chronicle of Higher Education*, 27. Februar 2015, www.chronicle.com/article/sexual-paranoia-strikes-academe/, und Kipnis, »My Title IX Inquisition«, *Chronicle of Higher Education*, 29. Mai 2015.
13. Anm. der. Übers.: Zum Unterschied zwischen »classic liberals«, klassische Liberale, und »high liberals«, Hochliberale, siehe Samuel Freeman, »Captialism in the classical and high liberal traditions, *Social Philosophy and Policy*, Jahrgang 28, Ausgabe 2, Juni 2011, S. 19–55, S. 19: »Der klassische Liberalismus und das, was ich die ›hochliberale Tradition‹ nenne, sind zwei Hauptzweige des Liberalismus. Der klassische Liberalismus entwickelte sich aus den Werken von Adam Smith und den klassischen utilitaristischen Ökonomen; zu seinen wichtigsten Vertretern des 20. Jahrhunderts gehören Friedrich Hayek und Milton Friedman. Die hochliberale Tradition entwickelte sich aus den Werken von John Stuart Mill, und ihre wichtigsten philosophischen Vertreter im 20. Jahrhundert sind John Dewey und später John Rawls. […] Die klassischen Liberalen halten im Gegensatz zu den Hochliberalen wirtschaftliche Freiheiten und das Recht auf Privateigentum an Produktionsmitteln für fast ebenso wichtig wie die Grundfreiheiten. Sie begreifen Chancengleichheit eher formal und betrachten kapitalistische Märkte und das Preissystem nicht nur als wesentlich für die Allokation von Produktionsmitteln, sondern auch als grundlegendes Kriterium für die gerechte Verteilung von Einkommen, Vermögen und wirtschaftlicher Macht. Hoch-

liberale hingegen betrachten die wirtschaftlichen Freiheiten als nachrangig gegenüber der Ausübung der persönlichen und bürgerlichen Freiheiten. Sie sind bereit, die wirtschaftlichen Freiheiten zu regulieren und einzuschränken, um eine größere Chancengleichheit zu erreichen, die Ungleichheit der wirtschaftlichen Kräfte zu verringern und eine umfassendere Auffassung des Gemeinwohls zu fördern.« https://www.cambridge.org/core/journals/social-philosophy-and-policy/article/abs/capitalism-in-the-classical-and-high-liberal-traditions/15F97086837C519BAEC1430ECED02EAF

14. Kipnis, *Unwanted Advances.*
15. Gabrielle Moss, »Emma Sulkowicz's Plan to Resist Trump«, *Bustle*, 7. Februar 2017, www.bustle.com/p/heres-how-emma-sulkowicz-the-columbia-mattress-artist-plans-to-resist-trump-34456.
16. Sylvie McNamara, »Did Emma Sulkowicz Get Redpilled?«, *Cut*, 28. Oktober 2019, www.thecut.com/2019/10/did-emma-sulkowicz-mattress-performance-get-redpilled.html.
17. Jodi Kantor und Megan Twohey, *She Said: Breaking the Sexual Harassment Story That Launched a Movement* (New York: Penguin, 2019).